NO CORAÇÃO DE

Kuan Yin

ONDE NASCE A COMPAIXÃO

Márcos Latàre e Valdiviáh Lâtare

NO CORAÇÃO DE Kuan Yin

ONDE NASCE A COMPAIXÃO

ALFABETO

Supervisão geral: Edmilson Duran

Diagramação: Décio Lopes

Revisão de textos: Luciana Papale

Ilustração da Capa: Ricardo Ribeiro Machado

DADOS INTERNACIONAIS DE CATALOGAÇÃO NA PUBLICAÇÃO (CIP)
(CÂMARA BRASILEIRA DO LIVRO, SP, BRASIL)

Latàre, Márcos e Lâtare, Valdiviáh

No Coração de Kuan Yin – Onde nasce a compaixão / Márcos Latàre e Valdiviáh Lâtare – 4ª edição reformulada e atualizada – São Paulo, Editora Alfabeto, 2021.

ISBN: 978-85-98307-85-5

1. Deusa 2. Meditações 3. Grande Fraternidade Branca 4. Gratidão 5. Compaixão. I. Título.

Contato com o autor: central@crisostelar.com.br

ALFABETO

EDITORA ALFABETO
Rua Protocolo, 394 | CEP 04254-030 | São Paulo/SP
Tel: (11)2351-4720 | E-mail: editorial@editoraalfabeto.com.br
www.editoraalfabeto.com.br

Agradecimentos

Da essência gerada em meu ser brota eterna gratidão pelo dom da vida. Dentro deste existir, agradeço por ter tido a oportunidade de experienciar situações que me fizeram compreender que podemos nos transformar, saindo do casulo chamado matéria, para alçar voo como seres livres em Deus.

Na sua Glória Infinita, concedeu-me o Senhor a graça de habitar ainda neste plano, para cumprimento de sua obra. Para tanto, fez surgir em momentos difíceis o caminho a seguir, e neste caminho, proporcionou-me encontrar quem de perto me deu força, amor, respeito e, especialmente, tornou-se uma companheira inseparável neste orbe planetário, minha amada esposa Val.

Graças e muitas graças a todos que contribuíram para que este livro pudesse existir e gratidão especial ao Editor.

Pax Vibiscum.

Sumário

Introdução

Ao longo da história, muitos livros foram escritos sobre este tema em amplas abordagens e sentidos. Porém, dentro da fonte inesgotável do manancial divino, sempre há uma fresta de luz a ser compartilhada por quem tanto recebe e busca doar, fazendo sentido que tal abertura encontre a alma sedenta na busca pelo bálsamo que irá oferecer um refrigério, ainda não localizado até então. E na amplitude desta imensidão espiritual sempre estará pulsando a Vida, dentro de um contexto maior e de onde se originam todas as centelhas viventes. Unir-se a ela e fazer parte do Todo é nosso objetivo. Fazendo parte do Todo somos Um em essência. Ao compreendermos a natureza da Luz Imorredoura que habita em todos os Seres de Luz, compreenderemos um pouco mais de nós mesmos e, assim, seguiremos nossa jornada em direção ao Infinito. Antes, entretanto, precisamos compreender para que essas palavras irão servir como também qual a finalidade dos textos que compõem este Livro, onde cada um encontrará uma faceta que lhe trará respostas buscadas e não encontradas.

Sabemos, vemos e percebemos que os homens, em sua maioria, são práticos. Na sua busca quotidiana, baseada nas necessidades de autopreservação, de confortos materiais e de prosperar em um mundo cuja base é o culto ao sucesso, eles atuam a partir do ponto de vista prático das necessidades básicas e a partir das metas de curto e longo prazo, de acordo como lhes são definidas pela sociedade, pela comunidade e pela família em que vivem. As metas da civilização, que dizemos ser mecanizada, foram estabelecidas para os homens; e os homens, como animais, reproduzem maquinalmente essas metas, adaptando-se a elas e ao meio ambiente em que vivem.

Mas qual é o verdadeiro rumo do viver mundano em que se empenham as massas desta chamada *Massa da Humanidade*, senão os fios em um tear temporal? Ano após ano o vaivém do tempo tece fios de luz viva, corrompidos pelos pensamentos e sentimentos humanos, que retêm todos os velhos e antigos conceitos e hábitos e o *momentum* da própria raça, que nunca, de forma alguma, trouxeram nem tiraram aos homens a sua liberdade divina, nem mesmo a paz pessoal.

De fato, tão intensas têm sido as cores produzidas pelo pensamento e sentimento humanos, e tão recoberto de um tipo de poeira vinda do plano astral tem ficado o tecido que, embora pavorosa a tapeçaria tecida, as pessoas continuam, devido a esse tipo de matriz endurecida, a tecer padrões discordantes, imitando assim tudo o que troça o Céu e lhe é contrário, exteriorizando desta maneira tudo o que é antiluz (*anti* ou *contra* o Eu Real, Verdadeiro) e que tem, por isso, de ser eliminado.

Sim, a eliminação se faz necessária e deve ocorrer por intermédio do apagar das luzes da ignorância humana, fazendo, desta forma, emergir a Sabedoria Divina que vem. E que vem para ficar quando é buscada.

Hoje, de uma maneira temerária, assistimos a sociedade à mercê dos funestos acontecimentos de violência à criança, à mulher, ao idoso e, enfim, aos jovens, os quais, de forma imatura, saem às ruas como ovelhas, permitindo que sejam alvos em verdadeira caçada pelos lobos soltos, em que a corrupção de conceitos verdadeiros leva esse grupo desatento à queda total.

Não há campo para se voltar aos céus, rogar aos mensageiros divinos que intercedam em prol de suas vidas, protegendo a cada um que entende, ainda que prematuramente, que não estamos sós e não somos os únicos a habitar este plano celestial onde a Terra se encontra.

E é exatamente para isso e para que possamos trilhar os caminhos que levam o homem ao reencontro com sua divindade interior, alçando-o acima da luz meridiana de seu intelecto, puramente material, que se busca estudar neste livro os aspectos da elevação da consciência ao patamar Superior, em caminho incessante ao derradeiro limiar, a libertação dos grilhões da matéria, a obtenção da Ascensão.

Para tanto, deixamos assentado que, embora não seja o propósito, neste momento, esgotar todos os meios necessários ao perfeito entendimento e domínio dos aspectos a seguir revelados, tentaremos, sim, propiciar ao buscador, ao discípulo, ao aluno da Luz, ao trabalhador e ao Guerreiro das Hostes de Luz, os elementos necessários ao seu desenvolvimento pleno e efetivo, na abrangência puramente espiritual, mas que, porém, por ser óbvio, desencadearão, como soe acontecer, os reflexos nos planos do habitáculo tridimensional, por vezes descortinando novos caminhos de entendimento, mas que, por fim, conduzirá, com certeza, à porta, à verdade e à Vida eterna.

Desta forma, buscando matrizes da consciência que primam pelo Amor Superior, vamos enveredar pelo estudo de um Ser Divino, conhecido como Kwan Shi Yin ou em sua forma simples e mais usual Kuan Yin, Ascenso, que dos planos espirituais tem auxiliado a evolução terrena, abençoando os homens com a Luz da Compaixão.

Falar sobre este Ser Divino, assim como dos aspectos materiais e espirituais que o envolvem, repleta-nos de alegria, preenche nosso coração com sua Luz, permite-nos regozijar em seu Amor Infinito e nos faz reencontrar nossa missão.

Assim, partindo da abordagem histórica, enveredamos pelos meandros do texto e, passo a passo, procuramos descortinar tudo quanto possível a respeito Dela; suas obras, seus feitos miraculosos, que têm deixado milhares de seguidores por todo o mundo, orações, meditações, mantras e rosários, bem como a ritualística própria para cada ocasião.

Esperamos que os leitores desta obra possam sentir a energia maravilhosa que emana das palavras contidas no texto e dos próprios ensinamentos trazidos por Kuan Shi Yin, e que possam, em abundância infinita, vivê-los em sua essência, sentindo jorrar sobre si o néctar da vida e as bênçãos de suas santas mãos, auxiliando a derramar sobre a Terra a Luz da Compaixão.

Passo a passo, vamos caminhar juntos por este caminho, aprendendo a lapidar a consciência, começando por descobrir o poder e o significado do Amor, constituído com suas facetas de Misericórdia, Perdão, Piedade e Compaixão Infinitas. E então, encontraremos, certamente, o nome Kuan Shi Yin que ecoará em nossos corações.

1

História de Kuan Shi Yin

A sua distância até a Luz é a mesma distância
de sua mente ao seu coração.

Kuan Shi Yin

Com o propósito de bem mais entender tudo que envolve este ser celestial, vamos buscar, a partir do processamento das informações coligidas no tempo, enveredar por seu aspecto histórico, ainda que não seja de forma a esgotar o tema, mas com o desiderato de levar o leitor à compreensão dos conceitos, muitas vezes enigmáticos, a seu respeito. No entanto, podemos observar que há diferentes cultos e diferentes visões que levaram à construção de iconografias no Tibet, na China, no Japão, enfim por intermédios dos povos asiáticos.

Em princípio, sabemos que a maioria das pessoas se refere à Kuan Yin como sendo um ser feminino, mas talvez desconheçam a verdadeira história a seu respeito, uma vez que, por longo tempo foi cultuada portando a forma de um ser masculino. Pode parecer que seja um contrassenso para aqueles que estão acostumados a chamá-la por Senhora, mas não é de se estranhar que, devido à sua energia maravilhosa e divina, os que a ela se afeiçoam tendem a não aceitar sequer uma possibilidade que possa ir contra os conceitos que possuem.

Vamos buscar, então, explicar, em face do contexto que nos chegou ao conhecimento, a razão que nos levou a tal afirmação, considerando que, independentemente da conclusão em que se possa chegar, em nada irá mudar o trabalho que é desenvolvido pela Bodhisattva em razão de sua natureza primordial evolutiva, cujo trabalho tem auxiliado milhares de pessoas no mundo inteiro, sem fronteiras e de diferenças raças ou credos. Gradativamente, acrescentar-se-ão informações pertinentes e com o fito de transportar os amigos leitor ou leitora nesta viagem.

Kuan Yin Lápis-Lázuli.
Imagem do livro *Oráculo Pérolas Kuan Yin* – Pérola 23.

Kuan Yin (que percebe os sons) ou Kuan Shi Yin (que percebe os sons do mundo) é o nome chinês para Bodhisattva[1] da Compaixão, que foi adorado pelo mundo budista. Há uma enorme popularidade desta Bodhisattva, tanto que há um ditado chinês que perfeitamente a descreve, com o seguinte teor: "Todo mundo sabe como cantar *O Mi* para *fo* (Amitabha) e cada família adora Kuan Yin".

Por qualquer influência costumeira local que seja, sempre há um nome atribuído a Kuan Yin, quer sob a influência chinesa ou japonesa, quer sob a influência coreana ou vietnamita, todos usaram os mesmos nomes, tais quais: Kannon Bosatsu ou Kanseon em japonês, Kwanse em coreano, Cherenzig em tibetano e Quan-in em vietnamita. No entanto, o culto de Avalokiteshvara é claro, não se limita à Ásia Oriental, mas se estende por toda a Ásia, enfim.

Kuan Yin é designada como uma Bodhisattva que veio a se tornar conhecida nos Estados Unidos e na Europa em decorrência do resultado da combinação do feminismo e da imigração dos mestres budistas para o Ocidente. Embora o budismo tenha realmente sido introduzido nos Estados Unidos devido aos acontecimentos políticos ocorridos no século 19, na Ásia, desde a Segunda Guerra Mundial, houve a real facilitação de intenso movimento religioso para o Oeste. Desta forma, Kuan Yin é, portanto, considerada a Bodhisattva Celestial.

No Japão esta personificação da caridade é representada por meio de uma divindade masculina, chamada Kannon Bosatsu (pronuncia-se *Kwannon*). Ela é a mestra da hierarquia divina, que trabalha na frequência da Misericórdia, Compaixão e Amor

---

1. Bodhisattva é um ser humano que atingiu o estado de perfeição e ascensão, tendo se libertado da Roda da Reencarnação e do ciclo de Samsara (ciclo de reencarnações sucessivas visando ao aprendizado e à ascensão do ser, que sao relacionados à Lei do Carma – ação e reação).

Incondicional. Há uma confiança implícita na graça salvadora e nos poderes curadores de Avalokiteshvara Kuan Yin, e a simples invocação de seu nome a traz imediatamente ao local do chamado. Que a energia de Avalokiteshvara Kuan Yin possa invadir seu coração agora como um perfume doce e suave e que você possa receber esta energia amorosa como dádiva Divina.

Vamos encontrar, ainda, algumas Bodhisattvas que aparecem em tradições, mas que devido a certas barreiras linguísticas, podem ser vistas tais quais entidades separadas. Por exemplo, os budistas tibetanos acreditam em diversas formas de Chenrezig, que em sânscrito significa Avalokiteshvara, Guanyin. Há outras grafias que surgem: Kwan Yin, Kuan-yin, Kuan Yin na China e na Coreia, Quan Am no Vietnã, além de Kwun Yum, Koon Yam em Cantonês, Koan-im, Koan-sè-im em Taiwan, Kuoe'in, Kuoezy'in em Shanghai.

O Monge Budista Chi-Tsang (nascido em 549, China – falecido em 623, também na China) fundador da Escolha dos Três Tratados, escreveu um comentário sobre o Lótus e explicou o nome de Kuan Shih Yin desta forma: "*Kuan* é a sabedoria, o conhecimento que percebe e *shih-yin* é a realidade que percebe. Quando realidade e sabedoria são mencionados juntos, nós temos o nome *Kwan Shih Yin*". Outra citação, repetida pelo comentarista Fa-yun's (Dinastia Liang da China e que viveu entre 467-529) elaborou quatro maneiras ou esquemas de interpretação do nome. Em seu comentário sobre o Lótus, disse que:

> Kuan Shih Yin pode ser chamada de quatro formas. A primeira é *Kuan-Shi-Yin*, que significa que ela salva pela percepção dos sons do mundo. A segunda, *Kuan-Shih-Shen* (corpo) que significa que ele salva pela percepção do carma corporal dos seres sencientes. O terceiro, *Kuan-Shih*-i (intenções) que significa que

ela salva pela percepção do carma mental dos seres vivos. O quarto *Kuan-Shih-Yeh* (carma) que contém três nomes prévios.

Comumente se usa o primeiro nome, *Kuan Shih Yin,* porque se cria carma facilmente pela palavra (língua) e para respeitar o corpo é muito difícil, o que gera o sofrimento, as lágrimas.

Mas é uma divindade chinesa, venerada, como estamos percebendo, e em diversos países da Ásia. No budismo podemos encontrar a correspondência à Bodhisattva Avalokiteshvara (em que representa a suprema compaixão de todos os Budas). Ela também tem a condição de salvadora pela compaixão e encontraremos, na maioria das residências do Oriente, altares erigidos em sua homenagem e para o culto respectivo familiar, assim também vemos em Templos, principalmente em grutas nos caminhos.

Se prestarmos atenção ao ar e ao vento, podemos ouvir orações dedicadas à divindade, à sua Chama Divina, que saem dos lábios dos devotos e discípulos, à medida que buscam fervorosamente orientação, socorro e bênçãos em todas as áreas de suas vidas.

Assim vemos que Kuan Yin está presente intensamente na cultura oriental e tem despertado muito interesse nas pessoas que desejam conhecê-la melhor, crescendo o número de devotos ocidentais que buscam ardentemente seus preciosos ensinamentos, reconhecendo-a como a Mãe Divina, associando-a ao trabalho feminino, principalmente nesta Era que estamos vivendo, Era da redenção humana.

Se procurarmos no contexto histórico, iremos encontrar o caráter e o exemplo desta Portadora de Luz, quem, de maneira espontânea e movida pelo intenso amor, dedicou sua existência em prol de seus amigos, adotando a postura de intercessora e redentora. Não foi apenas em um período, mas durante séculos, ela,

Kuan Yin, foi o símbolo do grande ideal do Budismo Mahayana[2] exercendo o papel de Bodhisattva (em chinês temos o termo *p'usa*) literalmente ou ser iluminado, destinado a ser no futuro um Buda, mas que, entretanto, prontamente renunciou ao estado nirvânico para, simplesmente como um sacerdócio, um voto espiritual, salvar todas as crianças que são de Deus, ou seja, todos os seres sencientes.

Mas qual é o significado deste nome, Kuan Shi Yin? Costumeiramente, na maioria das vezes, é representativo de "aquela que considera, vigia, ouve, presta atenção às lamentações do mundo". Ela ouve e escuta assim as dores, os gemidos de toda a Humanidade e não somente dos povos asiáticos. Isso ocorreu, ou seja, esta simbologia resultou do fato de que, estando ela prestes a entrar no "Céu", parou no limiar para ouvir os gritos do mundo.

Importante é que ainda hoje há uma discussão, o que parece um tanto acadêmica, relativo à própria origem do culto a Kuan Yin em sua forma feminina, ou seja, assim considerada em face de Avalokiteshvara, Bodhisattva da Compaixão do budismo indiano, cuja adoração foi introduzida na China, mesmo porque, o que é importante é a fé, a devoção neste ser de luz, como intercessor ou intercessora, e seu intenso amor por todos os seres humanos.

E como será que ocorre essa impressionante transformação chinesa de Avalokiteshvara, de condição masculina para a feminina?

A importância de Kuan Yin para o budismo do Leste Asiático e para China é, obviamente, algo familiar nestas culturas e vem despertando interesse da espiritualidade da Nova Era, desde os

---

2. O Budismo Mahayana, por outro lado, considera a Bodhisattva, também, como uma pessoa que já tem um considerável grau de esclarecimento e procura usar sua sabedoria para ajudar outros seres humanos a tornarem-se livres. Nesse entendimento da palavra a Bodhisattva é uma pessoa sábia que usa meios hábeis para levar os outros a ver os benefícios da virtude e do cultivo da sabedoria.

idos de 1970, em que muitos americanos modernos têm ouvido o seu nome e buscado conhecê-lo mais amiúde.

Apesar da grande fama de Kuan Yin, há alguns estudos surpreendentes a respeito desta Bodhisattva. Trabalhos escolares japoneses e do oeste do Japão tendem a concentrar determinados aspectos da arte e mesmo textuais acerca de Kuan Yin.

Como a maioria das famílias chinesas nos anos de grande tumulto e privação, crianças têm compartilhado quartos de cama com os pais e, às vezes, com os avós. Geralmente, logo de manhã e após o banho higiênico, o dia começa com a oferta de incenso para a estátua de porcelana, às vezes, branca de Kuan Yin, segurando um bebê, cantando um *Dharani* da grande Compaixão, e recitando orações pessoais.

Kuan Yin do Futuro.
Imagem do livro *Oráculo Pérolas Kuan Yin* – Pérola 36

Por vezes se fala com ela a respeito do que está preocupando as pessoas. Kuan Yin tem, efetivamente, sido para a maior parte do povo a "Deusa da Misericórdia", tanto que a consideravam, em seu aspecto feminino, Salvadora e confidente.

Existem muitas histórias que as avós costumeiramente contam para as crianças, independentemente do grau de escolaridade. São muitas lendas tradicionais acerca de deuses, deusas, fantasmas e do submundo.

Há uma história muito conhecida, a da princesa Miao Shan e outros contos também a respeito de milagres que aconteceram. Um desses milagres teria ocorrido numa alvorada, às margens do Rio Yangtzé, em Wuhan, após o término da guerra. Narra-se que uma criança, sua avó, que possuía fé inabalável em Kuan Yin, além de outros familiares e um professor de História pós-graduado esperavam há três meses para garantir assentos em um barco que os levaria para casa. Finalmente a chance veio e toda a família que estava acampada na margem do rio aguardava para subir a bordo. De repente, a avó insistiu que não deviam embarcar, porque tivera uma visão de Kuan Yin, em pé, no meio do rio, gesticulando com a mão direita em sinal de desaprovação, pois o navio não era seguro.

Os demais membros da família, inclusive o professor, relutaram diante da postura da avó. Contudo, esta era inflexível e sua decisão foi finalmente acatada e todos se afastaram para aguardar nova oportunidade. Em seguida o navio deixou o porto, mas ao navegar sobre minas "plantadas" pelas mãos dos japoneses, sofreu intensa explosão. Qual seria a chance de sobrevivência daquela família? Nenhuma. Portanto, se não fosse a advertência de Kuan Yin a família não teria sobrevivido à explosão.

Narrativas semelhantes há bastante na cultura asiática, além de outras ainda que falam a respeito da princesa Miao Shan.

Pode-se perceber que a devoção à Kuan Yin é uma coisa fantástica e até contagiante, e se tornou um fato perfeitamente natural. A fé nela é algo surpreendente. Como e por que Avalokiteshvara foi transformada em Kuan Yin, ser feminino, não é, entretanto, de fácil explicação.

Embora Kuan Yin tenha sido retratada tal qual um ser masculino, até o século 10, com a introdução do Budismo Tântrico na China no século 8, durante a Dinastia T'ang, a imagem da celestial Bodhisattva – uma bela deusa vestida de branco – era predominante e o culto devocional a ela cresceu em popularidade. No século 9 já havia uma estátua de Kuan Yin em cada monastério budista da China.

Apesar da controvérsia acerca das origens de Kuan Yin na forma de um ser feminino, a representação de uma Bodhisattva, ora na forma de um deus, ora como uma bela deusa, não é vazia com a doutrina budista. As escrituras explicam detalhadamente que uma Bodhisattva tem o poder de encarnar em qualquer forma – masculina, feminina, criança e até animal – dependendo da espécie de ser que ele procura salvar. Este é um trabalho magnífico de um Ser tão especial, que não mede esforços para, de alguma forma, auxiliar, ajudar os seres humanos e todos os demais seres e reinos.

Vemos o relato no Sutra do Lótus, que a Bodhisattva Kuan Shi Yin, pode, em uma diversidade de formas e aparências, viajar pelo mundo, conclamando os seres à salvação. Pode ter a aparência de um jovem ou de um ancião; deficiente ou normal e assumir a etnia de qualquer raça.

Um exemplo muito simples, mas incrível, que poderá demonstrar a grandeza do trabalho desenvolvido por este ser, para compreensão mais efetiva, é o que cita uma famosa história a respeito do aparecimento de Guanyin[3] (观音现身), que remonta à

3. Guanyin e não Kuan Yin – primeira forma de escrita conhecida na dinastia T'ang.

Dinastia T'ang, durante o reinado do imperador Wenzong (唐文宗, 827 – 840 A.D.). Sabe-se que a capital da Dinastia Tang é Chang'an (Xi'an hoje em dia), uma grande cidade no oeste da China, que está se transformando em sua imagem de Kuan Shih Yin, para os impérios do interior da Ásia.

Conta-se que o Imperador Wenzong tinha um passatempo especial, que era comer amêijoas[4], e que, pelo extremo gosto, ordenou que servissem a iguaria em três de suas cinco refeições, todos os dias. No entanto, com base na posição geográfica de Xi'an, ocorreu desde logo um grande óbice trazer moluscos do mar para o palácio imperial. Ainda que se alimentar dessa iguaria significasse para o imperador a realização de grande prazer. Para milhares de pessoas esse representava um trabalho árduo, visto que, para garantir sua frescura, todos os dias, mesmo antes do amanhecer, os moluscos eram recolhidos pelos pescadores do mar de Zhejiang, embalados em água fria, areia molhada e gelo, para rapidamente serem carregados e transportados em direção ao palácio imperial.

Obviamente que se tratava de grande sacrifício, somente para agradar a preferência alimentar do imperador. Dia após dia, o mesmo processo de trabalho, até que um incidente chocou todo o palácio. Um dia, o chefe real descobriu um molusco incomum, de grande tamanho. O molusco era enorme, vinte vezes o tamanho da concha de costume, sendo certamente, um "molusco imperial" significativo para o próprio Palácio Imperial. Como indicado, o abridor oficial de conchas intensificou a força para abri-la, porém, a concha se mantinha totalmente selada, parecendo um ferro ou uma fenda da rocha na encosta do Monte Tai.

---

4. Amêijoas são moluscos bem pequenos, formados por duas conchas ovais. Alguns são comestíveis.

Estátua de Guanyin na Montanha Putuo, Zhoushan, Zhejiang

O Imperador Wenzong, ouvindo falar a respeito do tal molusco incomum, ordenou a abertura da concha para que pudesse olhar seu conteúdo. De repente, e milagrosamente, o molusco começou a se abrir automaticamente. O imperador engasgou e engoliu a seco com o que viu. Ali, em pé, no interior da concha, estava uma miniatura com detalhes finos da surpreendentemente doce estátua da Deusa da Misericórdia, a Bodhisattva Guanyin, muito bem esculpida. O que mais surpreendeu o Imperador foi o que Guanyin, subitamente, disse por sua linda expressão: "Os trabalhadores têm de fazer grandes esforços para o seu próprio prazer, e você tem tanto que perseguir o povo e desperdiçar o seu dinheiro".

Em seguida, o Imperador percebeu que Guanyin, que ouve até mesmo o menor apelo à Misericórdia Divina, a voz do mais ínfimo súdito do império, tinha tido piedade dos homens do barco, dos pescadores; dos homens do carreto; dos cavaleiros em revezamento e até mesmo dos cozinheiros reais, que tinham trabalhado bravamente para servir ao seu gosto e capricho real.

O Imperador percebeu que o propósito de Guanyin em aparecer no grande molusco era o de avisá-lo de que ela iria vigiar a Humanidade em tempos de medo e perigo e proteger os que clamassem por ela. Isto é realmente magnífico.

Kuan Yin já era também conhecida no Extremo Oriente antes do advento do budismo.

Dentre suas várias encarnações na China, a mais conhecida foi como filha do Imperador Miao Chuang Wang da Dinastia Chou, 700 a.C. Diz a lenda que ela se determinara a seguir uma vida religiosa, tendo se recusado a casar, apesar das ordens do seu pai e das súplicas dos seus amigos. Assim, por ordens do seu pai, foi ela submetida às mais árduas tarefas que de forma alguma enfraqueceram o seu zeloso amor por Deus.

Enraivecido pela sua devoção, seu pai ordenou que ela fosse executada, mas quando a espada a tocou, partiu-se em mil pedaços. Ele, então, ordenou que fosse asfixiada, mas quando a sua alma deixou o seu corpo e desceu até o inferno, transformou-o em paraíso. Transportada em uma flor de lótus até a Ilha de P'ooto, próxima a Nimpo, ali viveu durante nove anos, curando os enfermos e salvando marinheiros do naufrágio.

Certa vez, quando soube que seu pai estava muito doente, cortou um pedaço da carne dos seus braços e a usou como um remédio que lhe salvou a vida.

Em gratidão, ele ordenou que uma estátua fosse erigida em sua honra, comissionando ao artista que a representasse com "olhos e braços completamente formados". Entretanto, o artista compreendeu mal e até hoje Kuan Yin algumas vezes aparece representada com "mil braços e mil olhos", sendo capaz, dessa forma, de olhar e cuidar de todo o seu povo, sendo também chamada de *Avalokiteshvara*.

Imagem em relevo de Kuan Yin, Mil Braços, no Monte Jiuhua, China.

Representação iconográfica de Kuan Yin e as Crianças envoltas na Luz de seu Coração

Kuan Yin hoje é madrinha da Nação Chinesa, onde se encontram altares em todos os lugares, em lojas, restaurantes e até em paralamas ou painéis de carros. Há uma confiança implícita na graça salvadora e poderes curadores de Kuan Yin. Acredita-se que até mesmo a mera invocação de seu nome a traz imediatamente ao lugar do chamado.

Ela fez o voto de Bodhisattva para trabalhar junto às evoluções deste Planeta e deste sistema solar, para mostrar o caminho dos Ensinamentos dos Mestres Ascensos. Kuan Yin diz que enquanto houver uma única alma sofrendo na Terra, ela estará presente sempre que for invocada com o devido respeito e reverência.

É o que acontece também quando a mulher que se liga à Kuan Yin, por um laço decorrente do pleito de Misericórdia – o que significa dizer o pedido a ela com a força da luz de seu coração –, suplicando por receber bênçãos de gerar uma criança, movimenta a Bodhisattva, membro do chamado Tribunal Cármico que, perante este Conselho, vai defender aquela causa, postulando que uma alma que esteja preparada para o processo encarnatório seja autorizada a descer aos planos inferiores, ou seja, às oitavas inferiores.

Neste momento começa, então, a sessão em que a Justiça Divina vai cobrar dessa mulher, uma vez encarnada, os erros e a violação da lei, quer nesta existência, quer em outra pretérita. Exatamente aí, na balança de pesos e medidas, é que vai sobressair a Misericórdia Divina, sendo atendidos os rogos e as súplicas.

Significa dizer que Kuan Shi Yin, além de tudo, também é a madrinha destas almas e das gestantes, inclusive para acompanhá-las até o nascimento quando, sutilmente, no momento do primeiro respirar, instila uma gota do néctar divino que traz em sua cânfora. Isto é magnífico.

Representações simbólicas diagramáticas de Kuan Shi Yin

A. Desdobramento de sua manifestação

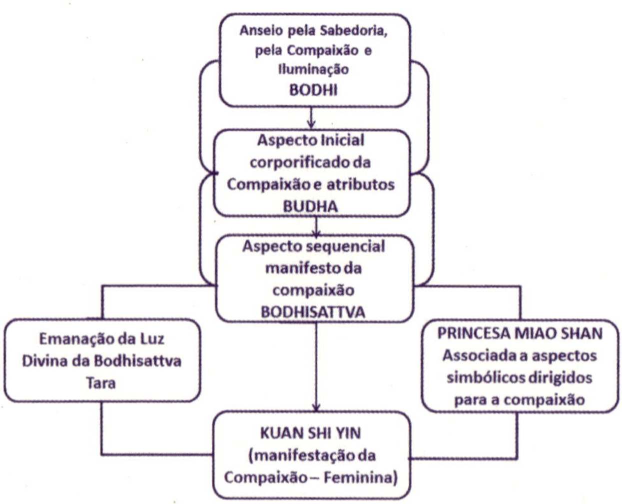

B. Aspecto espiritual da sua manifestação

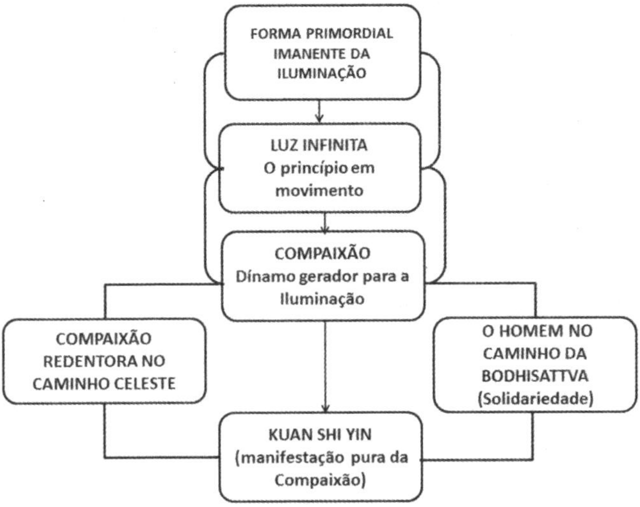

Explicação dos diagramas:

Temos determinadas forças cósmicas poderosas, sendo que, por meio de um raio expelido pelo olho direito de Buda Amitabha, nasceu o que conhecemos por Bodhisattva, neste caso, de origem Celeste. No caminho terreno temos a busca da iluminação pela senda de Bodhisattva, especificamente, a origem terrestre, humana, que vai ao encontro da libertação da ilusão, da roda do Samsara, ciclo das sucessivas reencarnações e que traz sofrimento ao homem.

Pelo atributo da Compaixão, alça-se voo livre, por ser o dínamo gerador da libertação e que vem por intermédio da Kuan Yin, na figura de redentora.

No gráfico vemos dois aspectos que, pela maioria dos adeptos, referem-se ao mesmo ser, Tara e Miao Shan, refletindo o caráter do feminino, considerando que, por muito tempo, como já relatado, fora aceito sendo do sexo masculino.

Outras formas de manifestação de Kuan Shi Yin

Podemos encontrar imagens, retratos, pinturas, esculturas e estátuas de Kuan Yin, em que veremos detalhes diversos, muitas vezes retratados pela forma com que o artista a vê em sua percepção mental, buscando, desta maneira, retratá-la. Outras vezes, pelos estudos e experiências obtidas na vida, vai lançar na tela aquilo que entende tal qual sua visão e buscar transportar o observador a perceber, ainda que de forma tênue, tudo o que representa aquele ser.

Pois Kuan Yin é retratada em várias formas e poses, com símbolos que lhe são característicos. Ela sempre aparece, incrivelmente envolta em branco, a cor da pureza, e seus vestidos são longos e fluidos.

Ela também pode estar com um livro, *O Sutra de Lótus*, que remete às suas origens, ou com um pergaminho de orações que simboliza o dharma (ensinamentos) do Buda, ou o Sutra (texto budista), o qual Miao Shan, dizia-se, recitava constantemente. E pode ser vista ainda com um vaso precioso, que simboliza o néctar da Compaixão e da Sabedoria que ela verte para o mundo, traços característicos da Bodhisattva.

Muitas Imagens de Kuan Yin frequentemente a exibem portando um rosário. Escritos de seu nascimento afirmam ter ela nascido com um rosário cristalino branco em sua mão direita e uma flor branca de lótus na esquerda. É ainda revelado e ensinado que as contas do rosário representam todos os seres vivos e o seu manuseio simboliza que ela, Avalokiteshvara, os está conduzindo para fora de seu estado de miséria e da roda de repetidos renascimentos (Samsara) para o Nirvana. O rosário pode ainda estar envolto em seu pescoço, adornando-o, um símbolo de sua devoção ao budismo e à lei e seus princípios, por meio dos quais Kuan Yin clamava aos Budas por socorro.

Outras vezes, a deusa pode estar segurando um ramo de salgueiro, que é um símbolo de poder para dobrar (ou adaptar), mas que não quebra (vemos sempre o salgueiro vergado para baixo, sem rompimento), além do que, é com o qual ela esparge o néctar divino da vida. O salgueiro também é utilizado em espécies de benzimentos e em rituais xamânicos, tanto quanto possui certos poderes medicinais, sendo também utilizado para tal.

Muitas vezes, ela vai ser vista segurando uma criança, uma lembrança de seu papel na função de protetora das mulheres, acompanhando-as até o nascimento de seus filhos e mais ainda, amadrinhando aquele pequeno ser. É vista também com uma pomba, representando a fecundidade. Kuan Yin é considerada a padroeira das mulheres estéreis, as quais, em face às súplicas feitas a ela, são aquinhoadas com a gravidez.

Outro aspecto comum de Kuan Yin é aquele em que ela é vista com mil braços, com os olhos nas palmas das mãos ou portando diferentes objetos. Seus braços, destinam-se a amenizar o sofrimento das pessoas em todo o mundo, enquanto os milhares de olhos podem ajudá-la a ver quem está com alguma necessidade. Ou, ainda, pode-se ver Kuan Yin em pé, portando um pavão, uma vez que as penas de sua cauda se assemelham a olhos, que propiciam visão ampla das dores e sofrimentos do mundo.

Chenrezig e Tara

Há muita divagação sobre os nomes pelos quais Kuan Yin é conhecida, assim também há quem distinga esta Bodhisattva, atribuindo-lhe funções e trabalhos semelhantes a outros seres, dependendo da região e do país em que é cultuada.

Vamos encontrar necessariamente agregação do nome de Kuan Yin com Chenrezig e Tara em diversos escritos a respeito, porém, é necessário entender o significado que lhes é atribuído nos textos e rituais, especificamente nos Sutras, pelo que remetemos os leitores que buscam um aprofundamento mais efetivo, ao entendimento do que neles está contido.

Para o propósito inicial deste livro, vamos abordar o quanto basta para se compreender o que, no contexto geral, será como fragmentos de um pão, ou seja, cada pedaço comporá a estrutura do pão inteiro, sendo que cada parcela dele não significa ter a mesma composição. Significa dizer que, na esfera espiritual, existem Seres de Luz que trabalham com energias similares, bem como há aqueles que são reconhecidos por outros nomes, referindo-se ao mesmo ser.

Necessariamente, inicia-se falando sobre Chenrezig, considerando que ele, no Tibet, recebe este nome, mas é conhecido por muitos com outras descrições, a saber, por exemplo, Kuan Shi Yin na China.

O Avalokiteshvara, chamado por Chenrezig (em tibetano སྤྱན་རས་གཟིགས་), é aquele ser espiritual que apadrinha, por assim dizer, o carma do povo tibetano, sendo muitas vezes representado por diversas formas e imagens, sugerindo formas com mil braços, mil olhos, etc., à semelhança de Kuan Yin.

Este ser, na verdade, vem incorporar o substrato essencial de tudo o que um devoto deve atingir com o seu desenvolvimento espiritual individual. Assim, no decorrer de suas práticas, vai desenvolver o equilíbrio perfeito entre consciência e a própria Compaixão, permitindo, por conseguinte, sua libertação do sofrimento que está ligado diretamente ao ciclo de vida, ou seja, nascimento, existência, morte e reencarnação, para, à vista disso, ser o veículo de expressão e manifestação a fim de auxiliar outros seres, proporcionando-lhes os mesmos meios que utilizou e com a intenção de atingir este estágio nirvânico.

À similitude do trabalho e compromisso espiritual feito Kuan Yin (votos), Chenrezig teria, segundo a lenda existente, realizado um voto perante o Buda Amitabha (Luz Infinita) de que nunca descansaria até que tivesse conseguido libertar todos os seres em todos os reinos existentes onde haja sofrimento, mesmo estando ciente da enorme quantidade de seres infelizes que clamavam por salvação.

Consta que Chenrezig, vendo a dimensão do sofrimento daqueles seres, sentindo a infelicidade reinante, teve seu coração atingido por uma intensa e profunda mágoa, ocasião em que sua cabeça se quebrou em mil pedaços.

Ainda se diz que o Buda Amitabha, com extrema piedade de Avalokiteshvara, reuniu todos aqueles pedaços da cabeça desta Bodhisattva, colocando-os sobre um corpo novo com muitos braços, muitas cabeças e muitos olhos, a fim de que, Chenrezig pudesse continuar sua missão trabalhando com milhares de seres simultaneamente.

Podemos utilizar o mesmo mantra de Kuan Yin: *OM MANI PADME HUM* a fim de atingirmos a frequência dele e vibrarmos sua Luz, ao conectarmos com esta energia maravilhosa e expandi-la ao mundo.

Mesmo porque, a chuva de luz da compaixão de Chenrezig cai em todo lugar nos campos dos seres sencientes, e de forma imparcial, favorecendo que as mudas de felicidade possam crescer, exigindo apenas que haja fé devidamente nutrida, a fim de receber o sol radiante com suas bênçãos, sem que haja distância entre cada um e Chenrezig.

Quem ou o que é Tara?

Se estudarmos ou lermos algo a respeito do Budismo chamado *Mahayana*, vamos encontrar que as primeiras divindades que ali surgiram foram Tara e Prajnaparamita.

Provavelmente, em meados do século 2, vamos localizar o culto dedicado à Tara nos territórios que compõem os países África, Índia e Ásia, em que ela aparece já tal qual a Salvadora.

Conta uma antiga lenda, que o chamado Buda da Compaixão, sentindo profundo pesar pelos sofrimentos dos homens decorrentes do Samsara, deixou rolar lágrimas de seus olhos, as quais gota a gota foram formando uma nascente e desta formou-se um lago, de cujo fundo emergiu uma linda flor de lótus. Quando o botão se abriu, surgiu uma esplendorosa divindade feminina, da cor da Lua, calma, sorridente, sinuosa e irradiando espectros de cinco cores, sendo que era a própria Tara, cujo significado em sânscrito é "estrela".

De outra região, há quem afirme que ela teria nascido éons de tempos atrás como filha de um rei, assemelhando-se à própria Kuan Yin.

Representação de Tara Verde (Sgrol Ma Ljang Khu)

Ela emerge, portanto, também como uma deusa budista salvadora no Tibet, Nepal e Mongólia. No primeiro, recebe o nome de *Sgrol-ma*, cuja interpretação é "a que salva". Considerando que o seu nome tem sentido de "atravessar", ela é considerada como "aquela que permite aos seres vivos cruzarem o oceano da vida e do sofrimento".

O mantra específico de aproximação e convite à Tara é *OM TARE TUTTARE SOHA*, embora existam outros mantras dedicados às demais Taras, num total de vinte e um.

Pela dedicação e exercício, pode-se obter certos benefícios, tais quais: produzir uma grande quantidade de méritos; evitar um renascimento sofrido na próxima vida; rapidamente alcançar Iluminação; receber iniciação de milhões de Budas; possibilidade de ter todos os nossos desejos realizados, sejam eles de saúde, negócios, emprego, amor, além do que ter a proteção diante de medos e perigos.

Existem oito Taras que são os remédios ou antídotos para os Oito Grandes Medos. Esses medos possuem aspectos internos e externos.

Os oito medos externos são:

1. Inundações
2. Fogo
3. Elefantes
4. Serpentes
5. Leões
6. Aprisionamentos/correntes
7. Ladrões
8. Fantasmas

Os oito medos internos são:

1. Apego
2. Raiva
3. Ignorância
4. Ciúmes
5. Orgulho
6. Avareza
7. Visões errôneas
8. Dúvidas

Kuan Yin de Todos os Tesouros.
Imagem do livro *Oráculo Pérolas Kuan Yin* – Pérola 17

2

Kuan Yin e a Grande Fraternidade Branca

Pensai em Mim quando atuais em vosso mundo,
pensai no Amor e na Misericórdia. Recomendo o perdão,
quando não estais em paz com vossos semelhantes.

Quando observais as suas fraquezas, envolvei-os na
Chama da Compaixão, perdoai a todos, e assim,
também recebereis em profusão a Misericórdia e o Perdão.

Kuan Yin

Nos planos evolutivos existe uma hierarquia de Luz que é conhecida como a Grande Fraternidade Branca, a qual é formada de Poderosos e Excelsos Seres, muitos dos quais pertencentes à nossa própria Humanidade e que alcançaram a libertação nesta cadeia evolucional. A maioria, no entanto, atingiu a perfeição em outros ciclos de evolução, noutros Sistemas Solares, mas muitos deles se ofereceram para trabalhar com o Planeta Terra, auxiliando-o e a seus seres a progredir ao infinito.

Assim, em sua imensa bondade, estes Seres vêm para ajudar a evolução dos filhos terrestres. Seu imensurável Amor parece estranho e pouco compreensível aos seres humanos. Somente a fímbria de suas auras de poderosa irradiação pode ser percebida pelos seres humanos mais espiritualizados, como vibração benéfica ou luzes em cores cintilantes. Eles sentem estas dádivas ativarem o seu Ser Íntimo. Assim, a Luz se expande constantemente sobre a Terra, perpassando-os e expandindo-se através de seus esforços.

Esta difusão da Luz na Terra é o objetivo e a razão do esforço da Fraternidade Branca. Há milênios Ela escolheu seus discípulos e adeptos, não pelos critérios externos, mas pela expansão de sua Luz interior e sua aplicação para o bem. Na classificação de um aspirante, são consideradas as Virtudes do ser humano evoluído e esclarecido, geralmente esquecidas na atualidade.

Estes Seres Perfeitos sempre foram os baluartes da evolução espiritual para os seres humanos e há milênios observam o progresso da vida, conduzindo-os, paulatinamente, da infância para a maturidade. Todos eles abdicaram de seu "Nirvana", sua entrada definitiva na felicidade absoluta, a fim de dar assistência na luta da Humanidade para assegurar o seu progresso. Uma parte destes Grandes Seres estabeleceu contato com os homens mediante canais por eles treinado e dão, constantemente, diretrizes e ensinamentos por intermédio de trabalhadores que, de alguma maneira, prestam auxílio.

Os chamados Mestres Ascensionados, que compõem a estrutura da Grande Fraternidade Branca Cósmica e Espacial, percebem a aura de seus adeptos, seus desejos pessoais e os auxiliam, conduzindo-os à Grande Meta, que é o progresso individual e coletivo rumo à liberdade.

Por intermédio de uma ligação estabelecida entre os mundos de Luz e a Terra, jorram bênçãos pelo canal adequado, sendo que, na busca da ascensão, há critérios – objetivos e subjetivos – necessários à transformação. O Servir está em primeiro plano, o que faz a diferença, pois para que realizemos grandes atos, devemos cultivar a humildade, deixando muitas vezes os prazeres da carne ou, se preferirem, da matéria, para alcançar o processo e galgar os degraus que levam às dimensões superiores.

Desta forma, dentro da composição dessa Ordem Espiritual de Luz, iremos encontrar o denominado Raio Violeta. A estrutura deste complexo de irradiação de luz tem dois aspectos principais, que são chamados de Pilares de Sustentação. De um lado, temos o Pilar da Justiça Divina; do outro lado, o Pilar da Misericórdia. O primeiro Pilar tem como sustentáculo ou responsável um ser de Luz chamado *Pórtia*, que detém as energias da Oportunidade Divina oferecida aos seres humanos, assim, também exerce a Justiça Divina (como a própria balança da Justiça mostra). No segundo Pilar está Kuan Shi Yin, considerada a detentora da Misericórdia, da Compaixão e da Piedade Divinas. Ambos os seres compõem também um cargo no denominado Tribunal ou Conselho do Carma. (Mais adiante falaremos um pouco mais a respeito dos Pilares e deste Tribunal).

Quando ocorre a desencarnação, passagem ou transferência deste plano tridimensional, a alma é colocada perante este Conselho, onde se avalia o que foi feito durante a existência terrena. Quando se dá uma espécie de "sentença" por aquilo que foi feito contrariamente à lei, cuja aplicação é de Pórtia, surge a Misericórdia Divina. É quando a advogada Kuan Yin se apresenta como intercessora, mediando o que o ser fez de bom e seus atos em prol da vida. A balança irá pender para um ou para outro lado.

Surge então a decisão: reencarnar ou aguardar. Se a primeira condição for a sentenciada, é escolhido o lar, a família, os pais, os papéis que executará na Terra e quanto haverá de quitar do processo cármico com todos os envolvidos. Além disso, também há a situação do carma grupal, nacional e global a ser corrigido em muitos casos, como forma de implementação da lei e que dará mais oportunidade para consunção do processo corretivo, sempre de acordo com a Lei dos Ciclos (Alfa e Ômega).

Podemos perceber, então, que a Senhora da Compaixão e da Misericórdia é um ser magnífico, que auxilia sempre os seres sencientes. Aliás, foi ela que passou a tocha do Sétimo Raio para o Mestre Ascenso conhecido por Saint Germain (também conhecido como Sanctus Germanus).

Outro trabalho exemplar desta Bodhisattva é que, todo aquele que recebe, em algum momento de sua incorporação física na terceira dimensão, uma energia da Luz que venha por seu intermédio, tem o beneplácito de tê-la como receptora da alma ao desencarnar, acompanhando-o até os locais em que ela irá se preparar para a purificação, cura e aprendizado para a próxima encarnação.

É necessário, pois, compreensão mais efetiva acerca das virtudes e qualidades divinas com as quais a Amada Kuan Yin trabalha, razão pela qual serão abordados mais adiante aspectos reveladores a esse respeito.

Kuan Yin, a compassiva universal.
Imagem do livro *Oráculo Pérolas Kuan Yin* – Pérola 20

3

A Flor de Lótus símbolo de Kuan Yin

O Lótus Branco e seu significado

A beleza variegada[5] da obra-prima floral de Deus reflete a história oculta da Teocracia de Deus. A flor de lótus, originária do continente perdido de Mu, espalhou-se por todas as colônias para polarizar a visão do homem.

Vamos encontrar, assim, na Índia, o Lótus Branco, que tem sido e é reverenciado como um símbolo de intensa pureza espiritual. Além disso, ele vem simbolizar a alma que vai se elevar e se eleva dos pântanos das rodas reencarnatórias "Samsara", para, desta forma, abrir suas pétalas de iluminação, assim como também se abre para o sol.

Este lótus pode ser representado internamente na luz do coração, tal qual um botão que vai se abrindo e, pouco a pouco, a luz vai se expandindo.

5. Variegada – que apresenta cores, formas variadas.

Toda a visualização acerca do lótus branco favorece a consumação ou a transformação dos obstáculos que impedem seu processo evolutivo e sua elevação consciencial.

O lótus, portanto, tem a propriedade de trazer a cura pela sua inerente qualidade de pureza curativa. Este lótus, sendo a expressão da pureza, também pode ser levado à mente, que, em sua forma mais brilhante, irá dissipar todos os pensamentos desqualificados ou negativos que possam existir, assim como qualquer espécie de sentimento de limitação ou impotência ante as situações, sensação de incompetência ou falta de merecimento. Ocorrerá, então, um verdadeiro purificar da mente que, de certa forma, trará à alma um real regozijo.

E não para aí. O lótus pode igualmente ser levado para as palmas das mãos. Quando se consegue realizar este feito, na verdade está estendendo as mãos para auxiliar outras pessoas necessitadas, momento em que o lótus passa a flamejar, pulsar como uma energia viva em suas mãos. Desta forma, há uma oferta, sua oferta para que suas mãos sejam mãos divinas curando, já que estão sendo para ele consagradas. Você servirá a toda vida senciente.

O lótus branco, assim trabalhado, favorecerá você com um poder curativo real. Ele surge da terra, abaixo do elemento Água, e abre-se no ar para saudar o Sol, magnificamente.

É o "porta-voz" do raio da iluminação. Suas muitas pétalas se elevam para transmitir a mensagem de Deus.

Nós, do mesmo modo que a flor de lótus, podemos abrir nossas pétalas - nossas mil pétalas - raios de luz com múltiplas bênçãos, que irradiam e consagram a prosperidade, bênção e cura, para enviar a sabedoria que é real.

O Criador pela Natureza (flores, ervas e árvores) geometriza, uma vez que ela simboliza as Leis da Força Criativa.

4

O Templo Espiritual da Compaixão e Misericórdia

Vamos descrever, de forma natural, a beleza e a magnificência deste Templo. Algum dos leitores poderá, à primeira vista, questionar o porquê de um Ser de Luz precisar ter um templo e este ser ornado com peças valiosas. Nessa ótica, pois não seria a expressão da própria opulência? Cremos que a resposta a esta dúvida e a outras que guardem uma estreita correspondência ou dela derivem, deva ser negativa.

O homem, e que isto sirva de alerta, deve dirigir o seu olhar para a Beleza que resplandece em toda a Criação e não buscar ver apenas com olhos humanos e nos limites dos conceitos terrenos. Ver a Beleza é entender que o Supremo Criador, na expressão de sua magnitude, quando, por Sua Vontade Eterna cria, o faz inserindo no objeto de sua criação os seus próprios atributos e, dentro destes, um reflexo da Sua própria Luz.

Entenda-se que a visão pela qual se vê, por exemplo, joias incrustadas em pilares que sustentam o templo, visa denotar o brilho e o poder da Luz maior condensada no reino mineral, já que, pela nossa própria natureza, não suportaríamos olhar de frente para a Beleza Absoluta ou para a totalidade da Luz do Eterno sem que nos prejudicássemos de alguma forma ante nossa fraqueza corporal. É como se fosse um preparo para o que antecede ao encontro com o Pai ou com sua Hierarquia.

Feitas estas considerações preliminares, elucidamos que o Templo chamado da Misericórdia tem, no perímetro que o circunda, doze Templos menores, situados exatamente sobre Pequim, mas em nível etérico, cuja graça é perceptível ao primeiro olhar. Esses Templos têm significado real.

Sabemos que a Perfeição Divina é composta por atributos ou virtudes que são a expressão da sua composição, razão pela qual, cada um desses Templos, é consagrado a cada aspecto da natureza divina.

O ser humano, quando encarna neste orbe terrestre, recebe o influxo de uma determinada energia de luz, proveniente de um dos Raios Divinos, o que é chamado de "Raio Cósmico de Missão"[6]. Significa dizer, a título de esclarecimento, que o servidor da Luz, o ser humano que necessita adquirir uma dessas virtudes para o cumprimento de seu propósito divino aqui na Terra, poderá recebê-la, para, assim, manifestá-la com perfeição. Para tanto poderá, quando em descanso e meditação, frequentar esses Templos. Igualmente também no período de descanso noturno, quando o corpo físico repousa. Na página 118, apresentaremos alguns exercícios meditativos para tal finalidade e outras.

Há um profundo silêncio no Templo da Misericórdia que é imediatamente percebido por quem o visita. O trânsito – idas e vindas – que ocorre de Templo em Templo – é feito de forma imperceptível, como se estivéssemos em uma espécie de "lapso atemporal",

---

6. Recomenda-se a leitura do livro *O Seu Raio Cósmico de Missão*, de Valdiviah Gonçalves da Silva Latare, publicado pela Editora Alfabeto.

uma espécie de "vácuo" não havendo qualquer espécie de anúncio ou alarde. É desta forma que a própria Misericórdia atua nos seres humanos. Silenciosamente. Sutilmente.

Mas afinal, qual seria a característica a determinar a regência desses Templos senão o próprio silêncio absoluto, quando a alma entra em contato com sua própria essência divina, aquilo que ela realmente é? De fato, embora nem todos consigam de imediato se dirigir àqueles locais sagrados e divinos, até que obtenha a autorização e amparo espiritual necessários, decorrente de uma preparação prévia, os que têm este privilégio e obtêm sucesso rapidamente, são os que, tendo uma estreita ligação com a Grande Fraternidade Branca, têm elevado a sua consciência em nível adequado, a uma frequência vibratória necessária e compatível, a um patamar mais alto, mas com uma vibração, cuja suavidade pelo seu próprio tom possa penetrar o corpo mental e o dos sentimentos, exatamente no momento em que há o preenchimento de sua consciência com o manifesto desejo de perdoar, irrestritamente, sem condições preestabelecidas e de tudo quanto lhe foi imposto como um sentir de injustiça (observe que já foi dito em outras mensagens, pela Hierarquia espiritual, que não há injustiça em nenhuma parte do Universo).

Decorrente dessa postura, o ser deve abandonar, como de fato abandona se assim o quiser, toda espécie de sentimentos desqualificados, tais como: ódio, vingança, rancor e autojustiça em relação a outros seres humanos, momento em que apenas por Amor Divino e Misericórdia poderá purificar-se. Nesse momento irá, por certo, viver a leveza de sua consciência imortal e a alegria que brota de sua espontaneidade, advindo da natureza prístina do ser.

Há, em oitavas mais elevadas de Luz, um coração pulsante que se conhece como Coração Celeste, local onde são atraídas por um magnetismo próprio as manifestações expressivas das energias da Compaixão, da Piedade, do Perdão e da Misericórdia, mas que necessitam estar no campo terrestre, ou seja, nas partes mais densas e baixas da Terra, onde vivem os seres humanos encarnados, já que corpo, mente e alma sofrem aqui embaixo as experiências amargas da existência conhecida como *vida*, advindas da importante Lei de Causa e Efeito ou Ação e Reação, também chamada de Lei do Retorno que, como em um círculo, dá a volta, partindo de um ponto determinado e retornando ao início, devido à má aplicação das energias divinas que o ser recebe diariamente e que são o influxo do próprio respirar e existir.

O que fazer então neste aspecto? O que se pode realizar para evitar a atuação desta lei inexorável? É possível?

Bem, de início, devemos compreender qual o fogo ou a chama que deve atuar nessa situação, de onde ela vem, como ativá-la de forma coerente e como fazê-la agir.

Se considerarmos que a Luz que desce irradiada por Kuan Yin não vem da 5ª Dimensão propriamente dita, mas sim da 9ª Dimensão, devemos compreender desde já que estaremos falando de uma frequência superior, ou seja, o 9º Raio de vibração, que é exatamente a frequência de atuação da deusa. Chegaremos lá.

Explica-se, então, em princípio, que o conhecido Sétimo Raio de Luz, a Chama (ou Fogo Violeta) trata, basicamente, de forma bem básica mesmo, do Raio da Alquimia, da transmutação, da transubstanciação, do ritualismo, mas vai além, muito além, contendo em sua essência a resplandecência e o poder da transformação real, inclusive com o poder de apagar registros cármicos, assemelhando-se, nesta situação peculiar, a um "mata borrão ou borracha cósmica".

Existem, de acordo com o que já foi assinalado anteriormente, dois Pilares de Sustentação do Raio Violeta: um chamado da Misericórdia, da Compaixão, Piedade ou Perdão Divino; outro chamado da Justiça ou Severidade Divina. O primeiro, sendo responsável a Amada Kuan Shi Yin, intercessora em prol de todos os seres sencientes; o segundo, a Amada Pórtia, guardiã da inexorável aplicação dos pesos e medidas a cada ser vivente, ou seja, a Lei da Imparcialidade ou da Justiça Divina.

Assim, ao retorno da energia mal aplicada, os homens podem realizar a consumação desses registros pela utilização correta e precisa da Chama Violeta, extinguindo o processo causal chamado carma, incluindo aquele criado entre pais e filhos ou na provocação da infelicidade de terceiros (o próximo).

Importante é que a Senhora da Compaixão Divina não somente traz em si a expansão de Luz desta qualidade superior, mas também das demais acima referidas. A atuação daquele determinado aspecto vai ser aplicada de acordo com o aspecto a ser trabalhado, decorrendo, assim, para mais entendimento, à busca da compreensão acerca da diferença entre as situações virtuosas e qual irá agir naquele instante, ao ser invocada.

Independentemente do que conseguiu o ser humano consumir dos registros negativos, valerá muito que tenha realizado no plano terrestre, enquanto vivo, em prol de seus semelhantes, o que será apreciado por ocasião da exposição perante o chamado "Tribunal do Carma" (para muitos conhecido como "Conselho"), quando se reúne para avaliar aquela existência por ocasião da leitura do "Livro", pelo Guardião dos Registros, exibição na Tela da Vida, da atuação daquela alma que esteve incorporada.

Após o homem passar pela transição, que habitualmente chamamos de "morte", a deusa presta, novamente, um grande e especial serviço a cada um, auxiliando a transformar, pelo Fogo Violeta e pela Lavanda, muitas cicatrizes, desilusões, remorsos, causas e germes que surgiram de situações aflitivas, tanto quanto a Lei Cármica destas pessoas permita que Ela o faça. Isto alivia, consideravelmente, o indivíduo que irá apresentar-se ante o Conselho Cármico.

Neste momento, de um lado está a Justiça Divina sendo aplicada, um determinado aspecto do Pilar do Fogo Violeta, que vem pela Senhora Pórtia, e do outro, um dos aspectos que se irradia pela Senhora da Compaixão.

Saibam que ambas fazem parte deste Conselho composto por oito Seres de Luz e percebam a importância disso, porque a autoridade para ser um membro do Conselho do Carma é dada a um Ser Ascenso depois de ele ter absorvido a qualidade total do raio de Kuan Yin, a Deusa da Misericórdia, e nunca até ter passado por todas as iniciações e rituais de seu templo sagrado, quando então, por dispensação especial, poderá esse Ser tomar o seu lugar no Conselho do Carma. A primeira consideração para ser um membro do Conselho do Carma é a qualidade que possui no padrão da Misericórdia Divina; esta é a primeira, a Justiça Divina segue como a segunda a ser manifestada.

Desta maneira, no que parece simples, pode o Conselho Cármico conceder a autorização e a alma ser conduzida a outras esferas mais sutis, onde então pode aprender, especificamente, as instruções necessárias no intermeio encarnatório.

No passado, em certas ocasiões, Kuan Yin, fazendo-se acompanhar por um cortejo espiritual (que geralmente assessora tais Seres de Luz), viajava em campos espirituais, inclusive pela Ásia Central, onde a devoção e o culto a ela são muito intensos. Dentro deste aspecto, em meditação ou em oração ou ainda durante o sono, aqueles devotos que não tivessem condição de ser levados até o Templo da Misericórdia eram atendidos de forma direta e pessoal por ela, embora fosse, sob certo e determinado aspecto, invisível aos olhos dos homens mortais. Isto vem demonstrar que ela sempre teve íntimo interesse em auxiliar os filhos e pais e, principalmente nos dias atuais, para que possam extinguir de forma recíproca seus próprios processos cármicos das várias e incontáveis incorporações, com objetivo direto de que possa, com a urgência necessária, sem perder qualquer parcela de tempo, manifestar a Perfeição Divina.

Importante e relevante é que, de igual maneira e forma, as crianças de quem ela é madrinha espiritual desde a concepção, são conduzidas por ela para receberem especial batismo e a benção do Fogo Violeta. Mais lindo e maravilhoso é que, durante todo o ritual (cerimonial) ela própria segura a criança em seus braços e, desde aquele momento, faz transbordar de si, do seu coração, a Luz Violeta mesclada com tons Lavanda, e célula por célula, molécula por molécula, átomo por átomo (inclusive no vácuo ali existente entre eles), vai transmutando em expressão de extrema bondade pura e infinita o processo cármico do pequenino ser, antes mesmo que as culpas e registros passados venham à tona do nível subconsciente ao plano físico, quando decorreria, então, sofrimentos incontáveis para a alma, mente e corpo, naquela existência.

O Sofrimento do ser humano tem uma causa natural, as energias destrutivas que tiveram seu nascedouro em determinado momento das incorporações pretéritas das emanações de vida. Em determinado ponto da trajetória humana, mesmo antes da primeira habitação na Terra, ocorreu a criação do chamado Véu da Ilusão (conhecido como *Maya*) e houve uma espécie de ativação pelos seres humanos que, na sua ânsia por possuir, caíram nas malhas do engodo e do engano, quando a Senhora Kuan Yin, assim como também uma gama variada de Seres de Luz, vieram em auxílio contínuo à Humanidade, ainda que dentro da esfera ou dos campos internos, sem que o homem os pudesse ver, auxiliando, de forma efetiva e eficaz, a Humanidade tanto quanto o próprio Planeta.

É gratificante saber que existem Seres de Luz, seres evoluídos e que pela sua própria condição superior têm contribuído incansavelmente para auxiliar na derrota da ignorância humana, que a tem aprisionado por éons de existência a este plano terrestre. Por isso é necessário romper as fronteiras da consciência mortal e deixar entrar a luz. Devemos ser "a Porta aberta" para que esses influxos maiores possam vir habitar em nossa essência, transformando-nos em Seres de Luz Vivente à semelhança do Pai.

Desta forma, desejamos que Kuan Shi Yin seja conhecida mais e mais entre os filhos dos homens, por toda a Humanidade, a ponto de compreenderem a importância e a necessidade da efetiva transformação do ser, de se exaltar as consciências dormentes para o efetivo despertar real, saindo das esferas do aprisionamento a que se vê constrita. Assim, é necessário apresentar todo trabalho contido neste livro visando ao aperfeiçoamento e ao aparar das arestas humanas, trazendo o conhecimento, a verdade que ora se trata, para espantar dúvidas e erros que vêm sendo transmitidos aleatoriamente, sem qualquer amparo ou subsídio de entendimento, mesmo por desconhecer os efeitos nefastos que a mentira pode acarretar em suas vidas e na de outrem.

A perfeição, a amabilidade e a generosidade de Kuan Shi Yin serão reveladas aos homens, os quais, em seu sofrimento humano, sabendo da existência da deusa e de seu trabalho, irão voltar-se aos pleitos quando ela se tornar visível na consciência de cada um, trazendo estabilidade, cura, equilíbrio, alegria e a paz que todos buscam; a paz que nunca foi conhecida ou vivida sobre a face da Terra.

Portanto, rogamos que possam ter a compreensão de que não estamos sós neste mundo e neste Universo. Crer neste isolamento é não ter fé no Criador. Temos o amparo, a orientação, o auxílio de maravilhosos Seres de Luz como ela, aos quais podemos, até o desabrochar da Idade de Ouro tão aguardada, agir com sabedoria, buscando seu auxílio bondoso, amorável, gentil, tanto para nós, quanto para os jovens e também para os recém-nascidos.

Quando isso ocorre, orações, preces, pedidos, pleitos que são elevados por um coração fervoroso, sincero, faz com que, com certeza, ela venha em socorro, porque há muitos éons se prontificou a auxiliar a Humanidade e, certamente, a cingirá em seus braços para a respectiva emanação vivente, acolhendo-a amorosamente e de certa forma irradiando de seu Ser a Luz imorredoura que nela habita, purificando a tudo e a todos que rogam, que suplicam e que dobram seus joelhos.

A Senhora da Compaixão possui uma Irmandade Espiritual, composta de irmãos e irmãs, que atuam pelos mantos dourados no Templo da Misericórdia, além de uma gama infinita de Legiões de Luz que trabalham com essa Virtude e se dedicam, de forma precisa, a afastar toda negatividade, toda a causa e todo núcleo de gérmens produzidos pelos sentimentos humanos, correspondentes aos aspectos desqualificados, constituídos pelos agentes nocivos e destrutivos tais quais: ódio, raiva, leve desagrado, menosprezo, desrespeito.

A título de exemplificação, retratamos a situação de uma jovem solteira que dá à luz uma criança, tida como filho espúrio ou ilegítimo. Quanto desrespeito, quanta crítica, julgamento, quanta repulsa recebe da sociedade, e até mesmo dos familiares, em expressão de verdadeira ignorância humana.

Tudo isso acontece, e vem acontecendo, porque o homem ainda não conheceu e não compreendeu o bastante acerca das Leis Divinas. Nesta situação colocada, pensem bem... Imaginem. Não estaria a Lei Divina da Compaixão ou da Misericórdia sendo aplicadas neste exato momento? Não estaria essa jovem, mãe solteira, sendo o veículo de manifestação para o cumprimento de uma decisão inexorável tida no Tribunal Cármico, antes mesmo de sua encarnação física e por ela aceita para "pagar" por um erro pretérito em outra incorporação? A criança nascida não seria o elo para apagar aquele registro determinado? Quem somos nós para julgar, criticar ou condenar?

E percebam, tanto é verdade, que no momento em que a jovem, defendendo o direito do feto de nascer, aceita não somente a concepção quer seja de fruto de "amor" momentâneo, quer seja fruto apenas de uma paixão, mas também o próprio nascimento. Nessa situação, ela cumpriu a Lei e, pelos meandros da vida, pode surgir no caminho dessa jovem um homem que a aceite do jeito que é, que acolha a criança como filha do coração ou legalmente reconhecida e vivam um período de felicidade que talvez não ocorresse se fosse em conjunto com o pai biológico da criança.

Em outra visão, ainda que essa criança ficasse disponível à adoção, mesmo assim haveria adoção espiritual previamente planejada, cuja família teria supostamente sido escolhida em reinos internos pela própria Hierarquia a que nos referimos e com intercessão da Bem-Amada Kuan Yin.

Existe uma dessas Legiões Angélicas que forma sempre uma presença protetora sobre todos os lares e asilos, onde estas pequenas Emanações de Vida necessitam de ajuda, tanto quanto lhes possa ser dispensada de acordo com a Lei Cósmica.

Tão importante e necessária é a atuação da Chama da Misericórdia e Compaixão que envolve as mães e as futuras mães, independentemente de serem apadrinhadas por Seres de Luz. E tanto é verdade que, em muitas e muitas situações, abortos e suicídios foram impedidos pelas forças da luz maior que mantêm a frequência de fé e que estão perfeitamente integradas e pertencentes às Legiões de Kuan Yin.

Podemos perceber, nitidamente, que há uma graça toda especial em Kuan Yin, assim também há na Hierarquia, atingindo os fiéis discípulos que atuam na Terra com a aplicação pela sua consciência com a própria Caridade, utilizando a Misericórdia Divina. O que sentimos, então, senão uma profunda sensação de liberdade absoluta, de sermos úteis, de estarmos trabalhando para um bem maior, saindo da esfera da nossa infância humana e espiritual para o amadurecimento necessário ao nosso processo evolutivo. Tudo isso é muito gratificante para a própria alma.

Não podemos olvidar das Leis Supremas, Eternas e Imutáveis. Portanto, por mais difícil que possa parecer para o ser humano, mais ainda para aquele que se considera um discípulo em trabalho neste plano, é que se deve perdoar irrestritamente, não somente o próximo e os amigos, mas principalmente os considerados inimigos e que os prejudicaram de qualquer forma que seja. Todo resquício de dor, amargura, sentimentos de ódio, de revolta contra qualquer outra emanação de vida ou situações ingratas da vida devem ser abandonadas e apagadas. Quem ganha com isso é o próprio ser. Para facilitar o desapego a estes sentimentos, pode se recorrer a Kuan Yin, que certamente estará pronta para auxiliar, irremediavelmente.

Kuan Yin que detém o Ramo de Salgueiro.
Imagem do livro *Oráculo Pérolas Kuan Yin* – Pérola 1

5

Compreendendo o que são Bodhisattvas Bodhichitta

Além do que já se disse acerca de Kuan Yin, precisa-se estabelecer a diferenciação, se é que existe, entre estes conceitos, para compreender ainda mais esse Ser Divino.

Comecemos pelo conceito de Bodhichitta ou a mente da iluminação, que é:

> [...] o voto determinado a um propósito de atingir a iluminação com objetivo único de libertar todos os seres do sofrimento da Terra e de conduzi-los ao estado de um Buda. É, assim, o próprio despertar da nossa natureza búdica. Este voto tende a não ter nada para desacreditá-lo. Este estado somente poderá ser alcançado mediante o esforço pessoal individual, tanto quanto um sofrimento pessoal não pode ser extirpado por ninguém se tiver que servir de lição para o processo evolucionário da alma. Só a compreensão aplacará o sofrimento, pois, na verdade, estes sofrimentos são como filhos de uma incapacidade advinda do caráter temporal para conseguir compreender.

A Mente Eterna é una, e nessa unidade podemos enxergá-la igual a um oceano ilimitado de Luz ou um espaço infinito ilimitado de Luz, de onde flui o chamado Bodhi, uma energia de intensa sublimidade, que nos leva em dinâmico impulso para a Iluminação. Quem deseja atingi-la deve, por necessário e consequentemente, acessar as infindáveis reservas de Sabedoria e Compaixão ilimitadas, ambas em perfeita integração e união. A percepção direta e a completa inexistência do eu próprio está precisamente incluso na Sabedoria Eterna.

Se desejarmos destruir, de forma plena e integral, todo o apelo ao eu irreal, isto é, ao eu robótico ou robotizado, à personalidade que vive no reino das ilusões, devemos nos valer do meio apropriado e que surta um resultado efetivo, quer seja trabalhar a Compaixão Divina, quer seja vivê-la, respirá-la, sê-la na essência, o que não é tão fácil. Ou é?

Assim, o que se percebe como Bodhi, é que irradiam energias sublimes para a libertação, como fluxos e lampejos incessantes, contínuos e de frequência elevada, energias essas que podemos compreender como sendo as da Sabedoria, da Compaixão, do Perdão, da Piedade, enfim, da própria pureza atuante que, de forma majestosa, as une e combina perfeitamente, surgindo daí os chamados raios superiores. Juntas, irão proceder a uma espécie de ramificação ou subdivisão, quando então podem, de uma maneira mais direta, simples e objetiva, ser acessadas por aqueles seres humanos que têm suas mentes ainda vivendo ilusoriamente na falsa percepção e noção de eus autoexistentes, sendo isso possível, devido ao rompimento dos grilhões do aprisionamento mental.

Incrivelmente, de forma inexplicável por palavras, estas irradiações que se ramificam em espécies de fluxos e subfluxos (correntes e subcorrentes), configuram-se em corporificação própria exatamente como aquelas em que se veem as chamadas divindades, sendo que, das determinadas correntes iniciais (ou adjacentes de primeiro plano), processam-se os chamados Budas Celestiais; das secundárias (ou adjacentes de segundo plano), as chamados Bodhisattvas Celestiais. Isto permite agora um aprofundamento quanto ao que seja Bodhisattva.

Bodhisattva pode ser dito, configurado então, como o Ser da Iluminação. Aquele que se liberta do Samsara ou do ciclo de reencarnações (ou roda) realizando, incisivamente e objetivamente, todas as qualidades pertencentes ao processo da iluminação, mas que, ao mesmo tempo, de forma inata, manifesta-se por Compaixão para ajudar os seres, independentemente de quem seja ou de seu grau de evolução espiritual, poder ou condição social. É o ser que progride em direção e de forma contínua até o estado chamado "búdico", aprofundando a sua realização da chamada vacuidade (conhecido como vazio absoluto) unida à Compaixão. Nunca age por interesse pessoal, individual, exclusivo e dentro do círculo circunscrito periférico a si próprio, sendo certo que todas as suas ações, palavras e pensamentos são dirigidos e consagrados ao bem dos outros. Mas há apenas um tipo de Bodhisattva? Não. Há vários tipos de Bodhisattva. Alguns são chamados *celestiais*, tal qual a Bodhisattva da Compaixão, Avalokiteshvara, um poderoso intercessor para aqueles que imploram Misericórdia. Outros são chamados *terrenos*, como muitos seres viventes na Terra e que trabalham incansavelmente, até mesmo por exclusiva caridade. Acima de tudo, cada um faz espontaneamente o voto de libertar toda a vida senciente. Estabelece-se então, a partir desta determinação, um caminho ou senda denominada "Caminho ou Senda da Bodhisattva".

Nesta senda é onde podemos desenvolver e refinar energias sutis e poderosas, que vêm pela atuação dos divinos e sublimes raios de luz. Para entrar nesta senda, deve-se, do fundo do coração, desejar ser um discípulo real e verdadeiro de Buda, tanto quanto seguindo os próprios passos de Kuan Yin. É uma verdadeira escola espiritual, para não se dizer universidade espiritual, onde vai aprender tanto quanto ser treinado a se tornar um Iluminado ou Iluminada.

Se houver um desejo ardente de se realizar, de auxiliar as pessoas, reafirma-se, independentemente de quem seja. E se deseja salvar e preservar o meio ambiente, concorrer para o despertamento da vida senciente para a Verdade absoluta, sem mantê-la na ilusão da mentira de Mara, e auxiliar na libertação das amarras enganadoras a que a Humanidade está atada, então, cada um, como você, poderá realizar as metas para chegar ao topo e seguir mais e mais na senda.

Toda vida senciente possui, de forma imanente, a natureza búdica em seu ser, quer seja pessoa leiga, monge, sacerdote, freira, pessoas comuns, pobres, ricos.

Ah! Poderia ser dito: "Então eu devo entrar para uma escola budista, estudar o budismo, estar disposto a permanecer pelo período de tempo determinado e até o fim da atual vida para realizar tudo isso?" Evidentemente que a resposta é negativa. Não significa que devemos estudar o budismo como um exercício espiritual apenas, pois nada adianta se não conseguir fazê-lo entrar no seu Espírito, que é onde se estabelece verdadeiramente a própria senda da Bodhisattva. Significa dizer, com isso, que não se conseguirá penetrar ou compreender o que é realmente esta verdade sem o conhecimento e, portanto, saber responder à questão: "Como você pode saber se é frio nadar em água gelada se nunca fez isso? Ou como pode descrever a água se nunca se molhou?"

Assim, podemos afirmar que cada ser humano pode forjar a sua alma da forma que desejar pelo uso de seu livre-arbítrio. A alma pode ser moldada como o barro. Pode moldá-la como desejar e a escolha é de cada um. Como o oleiro assim o faz. De carvão bruto à lapidação, pode-se tornar o veículo diamante.

Temos dez situações específicas ou que favorecem tal. São elas: ter uma existência humana; ter nascido em um lugar onde o Dharma exista; possuir todas as faculdades físicas e mentais; não agir em contradição com o Dharma; ter fé nos que são dignos dela; necessário que um Buda tenha aparecido durante a nossa era; que ele tenha exposto o Dharma; que os seus ensinamentos subsistam; que eles sejam postos em prática e, enfim, que um mestre espiritual esteja presente para nos guiar no caminho.

Para que se possa passar pelas terríveis dificuldades que surgem na vida, deve-se desfrutar de alegrias e mais alegrias, afastando as dores dos humanos e criaturas e jamais abandonar o caminho do Bodhichitta.

Isso a exemplo da Bodhisattva Kuan Yin, que teve a oportunidade de alçar voo nas asas da libertação eterna e se recusou a se tornar, naquele momento, um Buda, para permanecer na esfera da existência tridimensional terrestre, a fim de auxiliar a redenção dos aflitos e desesperados, que choram suas amarguras e dores na vida.

A mente iluminada abraça eficazmente, de forma tenaz, o pensamento resoluto de libertar toda a gama de seres sencientes e, assim, adquire méritos de forma incomensurável e os faz aumentar cada vez mais, como a própria vastidão universal.

Tal ação comportamental demonstra total desapego e infinita misericórdia e compaixão, deixando evidente aos seres humanos o exemplo a seguir no caminho da iluminação pela extrema benevolência.

Como é o voto de Bodhisattva

Fazer um voto é como fazer uma oração, uma prece com intenso fervor, uma promessa, um juramento.

Assim, quando se faz um voto, torna-se ele a razão e o objetivo de vida a ser atingido. Por isso, antes de fazê-lo, deve-se pensar muito, uma vez que seu cumprimento gera méritos e o não cumprimento gera carma.

Oração:

> Que a Divina Essência Criadora do Cosmos se infunda em todos os seres do Universo, purificando-os e livrando-os de maus pensamentos, de más intenções, de más palavras e de más ações. Assim seja. *Selah.*

25. Kuan Yin da Concha de Molusco.
Imagem do livro *Oráculo Pérolas Kuan Yin* – Pérola 25

Os dez votos de Kuan Yin

Ao falarmos dos dez votos realizados pela Bodhisattva, recorremos ao "Sutra Dharani do Grande Coração Compassivo", para conhecê-los e entendê-los, posto que a própria Kuan Shi Yin explica, de forma natural que, aqueles que buscam e desejam adquirir realmente um coração dotado de imensa Compaixão pelos seres viventes deveriam, desde logo e em primeiro plano, seguir o seu exemplo, realizando a consagração dos votos décuplos, como segue:

Primeiro voto: Eu desejo. Eu faço o voto de rapidamente conhecer a todo o Dharma!

Segundo voto: Eu desejo. Eu faço o voto de obter logo a visão da sabedoria perfeita!

Terceiro voto: Eu desejo. Eu faço o voto de rapidamente salvar a todos os seres vivos!

Quarto voto: Eu desejo. Eu faço o voto de alcançar logo o método bom e eficiente que leva à iluminação total!

Quinto voto: Eu desejo. Eu faço o voto de rapidamente subir no barco de *prajna* (sabedoria)!

Sexto voto: Eu desejo. Eu faço o voto de transcender logo o "mar amargo" (dificuldade e sofrimento, isto é, carma)!

Sétimo voto: Eu desejo. Eu faço o voto de rapidamente alcançar a boa disciplina, a quietude da meditação e o Caminho do Buda!

Oitavo voto: Eu desejo. Eu faço o voto de escalar logo a montanha do Nirvana!

Nono voto: Eu desejo. Eu faço o voto de rapidamente manifestar o incondicional!

Décimo voto: Eu desejo. Eu faço o voto de me unir logo com o Dharmakaya!

Kuan Yin do Pescoço Azul.
Imagem do livro *Oráculo Pérolas Kuan Yin* – Pérola 14

6

As Leis Espirituais – Virtudes e Qualidades de Kuan Yin

Existem certas normas que determinam a conduta dos seres humanos aqui na Terra. Leis espirituais regem todos os planos dimensionais, sendo certo que, de acordo com estas energias sublimes que advêm do plano criador, estabelecem-se aqui, neste orbe planetário, o desenrolar dos acontecimentos no palco denominado *vida*.

Estas leis têm, sob certo enfoque, um grau de responsabilidade para seu cumprimento, de sorte a exigir de cada um determinação e vontade, a fim de que o propósito que os Mestres conhecem e servem, reflita-se no âmbito individual de cada ser humano.

Falar-se-á, então, dessas leis as quais, na verdade, também irão constituir, de certa forma, qualidades ou virtudes a serem trabalhadas e desenvolvidas no âmago de cada um.

O amor eterno incondicional

As mais ternas e belas expressões do coração podem ser partilhadas por todos, do menor ao maior. A arte do Amor é, por consequência, a verdadeira e real expressão do Divino. No momento em que o homem cede ao controle efetivo de sua vontade humana, da manifestação ao intento pulsante de seu coração, visando a exprimir as qualidades da Chama Divina do Amor, o falso sentimento de opressão é aliviado na consciência do homem. Sim, porque o sentimento sem controle destrói a Arte do Amor. É o mesmo quando, metaforicamente falando, o barro tem vontade própria, resistindo à modelação do mestre oleiro, à Roda do Carma e ao que chamamos "O girar da Lei dos Ciclos".

A questão que surge é que, a alma, possuidora de um desejo de ser moldada, sendo dócil e maleável, faz com que ela seja reduzida a um estado de desamparo que necessitará de Amor.

O amor humano, não orientado pelo Amor Divino, é necessariamente uma espécie falsificada do real propósito celestial.

É, pois, e desta forma, praticando a arte do Verdadeiro Amor (ou na Verdadeira Arte do Amor) que os homens aprendem a conhecer o significado das palavras: "Amo-te ou Te Amo".

Mas infelizmente, o que vemos acontecer é que, rapidamente, de forma acelerada pelos ventos da imprudência, a inconstância do amor humano lança fora o objeto de seus afetos.

Amar o Divino trata-se de uma arte que somente é realçada quando o amor egoísta é deixado de lado, abandonado efetivamente, tornando, desta maneira, reverso às espirais desqualificadas do amor próprio (puramente egoísta) e de autopiedade que, de forma eficaz, acionam determinados mecanismos de defesa do ego.

Mas o que poderia ser a Arte de Amar ou a Arte do Amor? Não é destruir, logicamente, mas enobrecer e, para tanto, remover de si toda substância desqualificada, negativa, voltando-se às coisas superiores, buscando a elevação da consciência humana para a Divina, pois a Consciência de Deus é Amor.

O homem reluta em enfrentar a luz do dia; hesita em rasgar o véu da ilusão e experimentar o desconhecido, ainda que seja infinitamente melhor.

A Lei do Amor, que provém da Raiz Cósmica do propósito superior, floresce belamente na consciência do aspirante quando ele, pela primeira vez, torna-se consciente dos reinos do pensamento, que se encontram além dos seus sentidos ordinários e vulgares. Claro que existem perigos no caminho do Amor sem direção, e deve acautelar-se.

Não é o Amor aquilo que todos nós clamamos? O que procuramos e que desejamos? Portanto, o amor realiza toda a lei. A máxima lei. O Amor nos traz esse elixir que ninguém pode nos tirar. Ninguém. Ele é realmente o caminho, pois o Amor nos leva em suas asas na direção que podemos não ter visto, não ter conhecido ou compreendido. Isso é uma realidade mesmo.

E a transformação pessoal de cada ser humano tem como base a alquimia do amor divino. A transformação não pode existir sem esta, sendo que esse amor divino é uma fonte sempre fluindo, transbordando, jorrando de forma incessante e infinita. Assim, inicialmente é o poder desse amor que muda o homem e depois começa a mudar a aura de cada um – a aura em expansão do ser. E esse amor traz cura, se confiarmos nessa cura. Esse poder do amor pode realizar – e tem esta capacidade – coisas magníficas, mas deve ser baseado em absoluto perdão, perdão, perdão.

Ao contrário, abraçando a doença, em vez do consolo do poder da doce comunhão com o amor divino, com Deus e uns com os outros, distancia-se da efetiva mudança e a cura não vem. O homem apenas tem de se apegar ao Criador, compreendendo sua Lei (consagrada na Sagrada Torah) para compreender o pleno significado do amor e para dividi-lo com todos. Até as aves do céu conhecem a doce comunhão do amor divino. Basta vê-las ao compartilharem, macho e fêmea, o ninho e a alimentação aos filhotes. Existe um melhor exemplo?

O Amor em manifestação é exemplificado na beleza dos lírios do campo, que passam na maior parte das vezes despercebidos da Humanidade, que continua a refletir e a meditar no que vem a ser a caridade, que floresce por todos os lados, quando ela é o próprio sopro e a flagrância do ar. Assim, o amor como poder coesivo do Universo, mantém unido até mesmo os próprios átomos dos seres e, desta forma, os homens cheios de pensamentos de ódio e de perversidade, uns para com os outros, literalmente fazem-se em pedaços, destroem-se. Não é o que vemos diariamente ocorrer? Seus átomos não conseguem mais se aglutinar, pois eles não admitiram o poder do amor e selaram do lado de fora cada chama que pulsa dentro das células de seu corpo, através de seu próprio ódio e receio, medo e vingança.

Os homens estão com seus corações empedernidos a tal ponto de não (re) conhecerem a expressão de Deus e o Seu Amor, procurando encontrá-lo em qualquer irrisória manifestação humana, onde ele não está plenamente.

No coração de cada alma existe um grão de amor, de luz, de poder de cura e de transparência a que todos podemos ter acesso. Precisamos tomá-lo, bebê-lo e compreendermos que, para garantir que a civilização avance, cada corrente de vida na Terra tem de abraçar a senda do amor.

Este amor, que habita no seu âmago e que ali brota, é o próprio manancial da vida em cada coração. Entrementes, o homem fita o seu semelhante e não vê ou reconhece o Amor, quando vê o Pai resplandecer ali sua luz, como a luz dos olhos e o calor do Seu sorriso.

Atualmente, na Terra, os homens vivem em um mundo de permissividade, onde existe uma tendência natural para que alguns poucos tenham a força de caráter para exigir, de muitos, padrões de conduta corretos. No entanto, no mundo celestial, os padrões de conduta nunca são comprometidos. E paga-se melhor um tributo ao Amor em moeda corrente, que é a Obediência irrestrita à Lei Universal. Quem se habilita?

Mas esta Lei Universal tem um alcance que nem todos têm a capacidade imediata de perceber. Ao tomar uma atitude, ao se mover agindo dentro dos limites de sua consciência, o ser humano pode ter decisões que, em um primeiro momento, conduzem a expresso julgamento de que vê, ouve ou acredita que percebe, e dentro desta esfera, condena-se aquela ação sob alicerce, cuja medida ou atitude aplicada, refletiu-se na verdade ou na falta de amor ou de compaixão.

Navegando pelas brumas do desconhecimento, o homem está sim ainda na sua infância espiritual, sem compreender os mecanismos superiores, os quais, por si só, fazem parte de uma engrenagem sublime, consubstanciando-a no sincronismo cósmico, ajustando-se perfeitamente ao Amor Divino, este sim incondicional.

Ante sua Infinita Sabedoria, o Criador permite que, pelo livre-arbítrio o homem decida, e que decidindo, o faça dentro do seu entendimento e compreensão das leis espirituais, o que leva, não raras vezes, a aplicar o que se chama julgamento misericordioso, entendido por muitos que veem como manifestação de insensatez, glorificação do ego, tal qual homem tendo um coração de pedra.

O fogo de todo consumidor da Divindade é o amor. E então, deve-se entender que o Amor perfeito é a manifestação do julgamento, que não permite que o ódio nem a criação do ódio esmague alguém, destruindo-o.

Estas considerações em texto escrito trazem que obrigação sem amor nos torna amargos; a responsabilidade sem amor nos torna impiedosos; a justiça sem amor nos torna duros de coração; a verdade sem amor nos torna críticos; a inteligência sem amor nos torna ardilosos; a afabilidade sem amor nos torna hipócritas; a ordem sem amor nos torna tacanhos; a honra sem amor nos torna orgulhosos e amor sem amor não é absolutamente nada. Nada mesmo. Sem valor algum.

A verdadeira natureza do Amor é difícil de descrever, mas podemos oferecer alguns "insights", alguns indicativos para sua percepção, com a sutileza necessária: "Buscai-o no sorriso de uma mãe, na ternura de um pai, na doçura da oração de uma criança ou no regozijo das festas campestres junto à Natureza".

Portanto, ao abordarmos este tema, vamos ainda à busca do seu significado mais profundo, de vez que, a quem indagarmos acerca do Amor, com certeza e escassas vezes não, todos dirão saber o seu significado, entrementes, iremos de forma abrangente deixar registrados aspectos essenciais que são necessários como preâmbulo ao entendimento no prosseguimento dos assentamentos já feitos.

Embora seja a base de todo o bem, o amor tem muitas facetas, como já foi demonstrado, tendo ainda em seu contexto e conteúdo os seguintes aspectos ou qualidades que o compõem:

1. Ser compassivo
2. Ser misericordioso
3. Ser piedoso
4. Ser julgador
5. Ser solidário
6. Ser passivo
7. Ser ativo
8. Ser possessivo
9. Ser paciente
10. Ser infalível

O Amor, que existe em cada alma, deve se elevar a um amor profundo, um amor compassivo. Um amor que jamais perecerá, um amor para sempre.

Devemos levar em conta que Amor e Misericórdia não são complacência, não é a opção do "deixar andar" no intuito, que sempre falha, de não criar problemas. Por vezes, o verdadeiro Amor tem de ser duro para levar para o bom caminho os que dele se afastaram, mesmo por pouco tempo. A psicologia moderna aborda a questão e lhe atribui o nome de "amor duro", sendo conhecido ainda pelas escolas iniciáticas como "a vara disciplinadora do Amor".

Mas na verdade, o Amor realiza toda a Lei, selando cada um de nós de todo caminho errado e da tentação ou da queda. O Amor perfeito expulsará tudo que não seja igual a si mesmo. É ele a chave da libertação. Quando as tensões aumentam e os desentendimentos e as desavenças afloram, vêm e surgem as lutas. Lutas entre pares. Lutas entre irmãos. Lutas, enfim, das mais variadas formas e abrangências, portanto, o recurso para isso é simplesmente o Amor.

É a prática do Amor como Amor misericordioso que expandirá o receptáculo e abrirá o cálice dos seres humanos para libertação de toda gama de opressões que destroem tudo que existe.

Se tomarmos um ensinamento de Gautama Buda, veremos que podemos ter opção. Ele diz: "O ódio nunca cessa pelo ódio, mas só pelo Amor é curado. Esta é uma lei essencial e eterna".

Dentro deste contexto todo, o que podemos entender por Compaixão é o que se verá a seguir:

A Compaixão e o seu poder

A Compaixão pode ser uma ótima ferramenta de cura, capaz de levá-lo a adquirir um novo sentido de integridade e compreensão. Todo mundo comete erros, mas a Compaixão reconhece o sofrimento e move céus e terra para aliviá-lo. Compaixão acaricia seu rosto e a testa relaxa.

> Mede-se tudo: verdade, honra e amor, o amor em forma de compaixão significa não agradar outra: o amor que fica com ele e obriga-o a desenvolver a individualidade de modo que ao fazê-lo, experimenta a alegria de realizar algo por conta própria.

É maravilhoso quando conseguimos compreender a profundidade do que é a Compaixão, qual seu sentido, qual sua importância dentro do contexto, na esfera de nossa percepção, porém fora do aspecto fenomênico, mas, sim, em sua essência.

Sob outra ótica explicativa é, a bem da verdade, uma chave especial que tem o condão de abrir todas as portas, fazendo-o de forma sutil, gradativa, sem falha. Entretanto, é uma chave mestra que temos de procurar, uma vez que a perdemos há muito tempo.

Como se pode, então, compreender a ação da Compaixão, ou seja, por ocasião de sua aplicação em nossa existência? Entendemos que, ao respirarmos no ritmo de outro ser que sofre, passamos, pouco a pouco, a compreendê-lo e a nos identificarmos com ele, sem adquirir o mal que ele mesmo porta, assim, passamos a vivê-lo interiormente. Isso é de crucial importância, uma vez que vai permitir a captação da fonte daquele mal e, depois, sendo aquele desviado para esse corpo de luz, habitáculo da chama da Compaixão, a realizar a transmutação com toda a força de nosso coração e de nossa vontade.

Ter Compaixão, entretanto, não nos leva ao sentido de naufragar com o outro, mas, sim, decorrente de nossa atuação, amá-lo incondicionalmente, o suficiente para sabermos o que ele realmente está sentindo, a ponto de sentir em nós. É, de uma forma direta e objetiva, compreendê-lo como é, sem qualquer resquício ou espécie de julgamento, assim, também, por necessário dentro deste campo de atuação, sentir o que ele está sentindo, sem se ater àquela emoção que o invade. Poderemos, se quisermos, encontrar dentro de nosso próprio dicionário interior múltiplas definições para a palavra Compaixão. Na verdade, não devemos nos importar com os conceitos abstratos e definições do que seja a Compaixão, basta saber apenas durante alguns minutos ser a expressão dela, inclusive ser Ele, esse outro eu que sofre e nos chama, pedindo auxílio, para vivê-la em sua expressão e magnitude.

Vamos exemplificar de forma fácil. Imaginem um estado de beligerância entre dois países, quaisquer que sejam, hipoteticamente considerando. Presumo que todos saibam o significado do ódio. Bem, os pensamentos de ódio podem ser direcionados aos chefes daqueles países, e se isso ocorrer, se houver o envolvimento de qualquer ser nesta energia, esses pensamentos vão, na verdade, reforçar a ação deles no sentido da maldade que os impele a guerrear. Sim, porque por detrás de todas as guerras e conflitos sempre está presente este gérmen destrutivo, pois a vida é sagrada. Mas se ao invés de pensamentos neste sentido forem enviados somente sentimentos de paz, a ação por eles, com o passar do tempo, será naturalmente enfraquecida, pois não encontrará mais o alimento que a compõe.

Cabe, portanto, a nós e somente a nós, saber o que desejamos, mas nem sempre, em um primeiro momento, agradecer à doença pelo caminho que nos obriga a percorrer, pelo que devemos ao menos evitar alimentá-la.

Compaixão é a verdadeira essência de uma vida espiritual e a prática central daqueles que devotaram suas vidas para alcançar a iluminação. É a raiz das chamadas Três Joias Supremas – *Buda*, *Dharma* e *Sangha*.

O significado destas três joias é: *Buda* é o ser ungido que oferece, dá o ensinamento espiritual. O *Dharma* é a própria Lei espiritual, o próprio ensinamento, como também pode ser, de outro lado, "dever ou missão". É a Lei Divina que pode, certamente, guiar a vida de cada um e conduzir à liberdade, desde que se aceite. E *Sangha* pode ser definida como uma espécie de comunidade espiritual, constituída de pessoas ou seres humanos que desejam comungar dos mesmos ensinamentos, unidos em amor e harmonia, e que podem realizar muito, curando-se uns aos outros e elevando a vida senciente, podendo até mesmo salvar o mundo. Na *Sangha* tanto se recebem ensinamentos como se transmite.

É de tamanha importância tal virtude, que é a raiz, o nascedouro de Buda, pois todos eles nascem da própria compaixão. Eles são a compaixão em vida. E é, além de tudo isto, a raiz do próprio *Dharma* ou Lei, pois os Budas ensinam com motivação estritamente vinculada à Compaixão. É de igual forma a raiz da *Sangha*, uma vez que os seres humanos, ao ouvirem os ensinamentos do *Dharma* e praticando-os na luz da Compaixão pela qual são oferecidos, tornar-se-ão melhores, Seres Superiores. (Isso será visto mais profundamente mais adiante, em Carma e Dharma, para quê?).

A Compaixão é uma Mente motivada por olhar para todos os seres vivos, apreciando-os e, neste apreciar, dedicando-se ao auxílio de libertá-los de todo sofrimento. Portanto, a Compaixão é o principal meio para destruirmos o apego a uma personalidade ilusória.

Conforme dito anteriormente, se sentimos as dores do semelhante, mesmo nas situações que demonstramos, temos de examinar nosso interior para sabermos se desejamos que alguém se livre do sofrimento por razões egoístas, já que isto é bem comum e usual em relações que têm como fundamento o apego. Vejam bem e percebam.

Se um amigo está com problemas de saúde, em depressão, podemos ter um desejo por sua recuperação de forma célere para apenas termos o desfrute de sua companhia, porém, esta vontade está de forma direta vinculada ao próprio ego, não é Compaixão.

A verdadeira natureza da Compaixão é, de certo, o objeto de apreciação do ser. Nós podemos ter algum grau de Compaixão, mas podemos dizer que não é expandida, estando ainda em estado latente, parcial e limitada às circunstâncias. Podemos exemplificar com uma situação bem simples, em que esta natureza compassiva se revela rapidamente. Se tivermos algum ente querido, próximo, como familiar ou amigos que estejam sofrendo, de forma rápida e fácil somos movidos por sentimentos e geramos Compaixão por eles, mas quando se trata de estranhos ou de pessoas que achamos que são desagradáveis, insuportáveis, torna-se muito difícil sermos ou sentirmos solidariedade por elas.

Outra situação é que sentimos naturalmente Compaixão por pessoas carentes que passam por sofrimento ou dor intensa, porém, não agimos da mesma forma em relação a seres humanos que desfrutam de boas condições de vida e vivem um momento de sofrimento. E é muito pior em relação àqueles que cometem ações destrutivas ou nocivas. A Compaixão verdadeira não distingue. É Absoluta e irrestrita.

Mas por que isso, neste sentido, é importante?

É extremamente importante e relevante, pois, se pretendemos realizar todo o nosso potencial e alcançar a iluminação plena, devemos ampliar, estender, aumentar o escopo da nossa Compaixão, buscando que ela consiga abranger, sem exceção, todos os seres vivos como de fato podemos ver, por exemplo, uma mãe amorosa que sente Compaixão por todos os seus filhos, independentemente de estarem se comportando e agindo corretamente no bem ou de forma errada, no mal.

Isto que estamos salientando por meio destas palavras, especialmente acerca da Compaixão Incondicional, Universal, sem fronteiras quaisquer que sejam, não nasce subitamente, ela brota, sim, pela perseverança, pelo treino diário em níveis mental, emocional e físico, durante um largo espaço de tempo.

Somente quando atingimos o nível desejado para compreensão exata do que é a Compaixão é que compreendemos sua natureza superior, sua essência e seu poder, momento em que a Alma se regozija no Criador, emergindo em consonância a Paz que ultrapassa todo entendimento humano.

Falamos da Compaixão, mas e a Misericórdia, não seria uma mesma coisa? Bem, não necessariamente é a mesma coisa, embora tenham a mesma essência que as gera, ou seja, o Amor, como já foi explicado. Misericórdia é a virtude que nos leva a compadecermos da miséria alheia. É a junção de duas palavras: *miséris* + *córdia* (miséria + coração).

Temos a chamada Lei da Misericórdia, de forma mais larga e abrangente, pela qual os dias de tribulações são encurtados para os eleitos. Pela Lei da Misericórdia, o perdão vem do coração do Buda Pessoal, que apenas precisa pronunciar as palavras " Os teus pecados são perdoados" para que isto seja feito.

A Lei do Perdão

O Perdão tem o poder de transformar nossas vidas e curar as feridas da mente e do coração. Para nos perdoar, precisamos perdoar os outros. Ao perdoar os outros, somos perdoados. É uma Árvore de folhas perenes que rodeia a Terra. "O Perdão é um sinal de amor, de amor supremo. E o sinal de Perdão é esquecer para perdoar".

Perdoar amigos é simples, Perdoar aos inimigos é a questão. Quando se perdoa, se doa a própria Compaixão pelo semelhante, o qual, na maioria das vezes, vive na ignorância da sublimidade do ser. Sim, existe uma Lei maior, a Lei do Perdão.

O que vem a ser a chamada Lei do Perdão? Há transgressões à Lei Divina, cujo comportamento gera um processo de correspondência entre os envolvidos. Este processo exige que haja uma reparação em face de outra Lei, chamada de Causa e Efeito, pois a semeadura é livre, mas a colheita é obrigatória.

A Lei do Perdão é também conhecida como a Lei do Confinamento, em que ofensas e dívidas à vida são de alguma forma e temporariamente postas de lado, até que a alma que tenha recebido conhecimento suficiente da lei, seja forte o bastante para sofrer uma espécie de "castigo" ou "cumprimento" da Lei por seus erros passados.

Assim, pode-se realizar um apelo a essa Lei Cósmica do Perdão, cumprindo então um mandamento divino, por intermédio do qual um ser humano pode alcançar, tanto para si próprio quanto para outrem, o verdadeiro Perdão pela transgressão da Lei maior, a Lei do Amor.

A aplicação da Lei do Perdão não oferece dificuldade, sendo bem simples, uma vez que sua ação é, na verdade, uma purificação da alma de todo processo cármico imperfeito, submetendo-o à completa submissão do ego (eu personalidade) à natureza crística que habita no centro do coração físico.

O ser senciente deverá primeiro invocar a sua própria Luz Superior, a essência Divina Sagrada, e depois pedir ajuda a um ou a vários Seres Divinos que trabalham com a energia da transmutação ou correção. Em seguida, apelar ao Raio da Misericórdia e do Perdão para sublimar todas as imperfeições, conhecidas ou desconhecidas, conscientes ou inconscientes, transformando-as em perfeição semelhante a uma Virtude ou Qualidade Divina.

Ocorre que, o ser humano, em vez de perdoar, endurece o seu coração, tornando-o tal qual pedra. É como estocar alimentos somente para si, restrito ao seu âmbito individual alimentar. Lá, no local mais profundo do subconsciente, fica registrado, armazenado, da mesma forma, o registro da ofensa ou dano causado. Assim, estritamente agindo pelo ego, deixa de apagar estes registros, não se perdoando e não perdoando ao outro ou permitindo sequer que ele perdoe.

Desse modo, podemos perceber claramente que é extremamente necessário o treino contínuo da Lei do Perdão, já que há uma nítida diferença entre o Perdão dos erros e a chamada transmutação.

Usemos um exemplo mais elucidativo. Se alguém furtar algo que lhe pertence, uma carteira com dinheiro, por exemplo, e mais tarde dizer que se arrependeu, você pode até perdoá-lo, mas o assunto em questão não estará totalmente resolvido ou concluído, carmicamente falando, até que ele devolva a carteira e cada centavo que ela continha.

Portanto, Perdão não significa pagar ou pôr de lado o carma, porque você tem a liberdade de corrigir as coisas sem o peso do erro, da falta, da falha.

Se houver uma condição na sua vida em que realmente tentou e não conseguiu perdoar alguém ou algo que aconteceu a você, então, para tal, poderá utilizar algum dos rituais ou meditações apresentadas neste livro e seguir as instruções, passo a passo.

Saiba que pode haver algumas cicatrizes de vidas passadas que não são conscientes. O trabalho a ser realizado em sua criança interior pode abrir esses bloqueios que estão impedindo sua perfeição.

Na maior parte das vezes, as pessoas sentem uma sensação de injustiça quando os problemas estão acontecendo em suas vidas, enquanto outras pessoas, tais quais seus vizinhos, parecem passar a vida incólume, sem qualquer questão ou problema a resolver.

Existe, sim, uma resposta. Esta é a desigualdade evidente ao se colocar um pé firmemente no caminho direcionado ao processo da ascensão, quando, então, a alma pede a oportunidade de resolver, de forma célere, suas últimas dívidas cármicas. Desta forma, aquele vizinho que parece levar uma vida tão afortunada pode ainda não ter começado o caminho da iniciação e estar experimentando carma em uma espécie de retorno muito mais lento.

Há um ditado antigo que diz: "Quebrou pagou" e o preço para a ascensão é alto. Se recorrermos à nossa memória, poderemos encontrar uma lembrança de outro ditado comum: "Ok, o que passou, passou. Vamos perdoar e esquecer".

Kuan Yin nos ensina sempre e muitas vezes que para realmente perdoar, devemos limpar completamente o registro do evento. Totalmente. Quer dizer que, se nós ficarmos nos lembrando do mal que nos foi feito, realmente não teremos perdoado a pessoa.

Verdadeiros milagres ocorrem quando se utiliza a força do Amor Incondicional ou Compaixão que vem por Kuan Yin. Não hesite em aceitar esta oferta de uma verdadeira cura, se você não consegue lidar com situações em sua vida que estão incomodando e prejudicando.

A Misericórdia e sua abrangência

Se a Humanidade reconhecesse ao menos a necessidade de derramar sobre a vida a suave qualidade da misericórdia, as pessoas compreenderiam mais o seu significado e possuiriam esta qualidade em atividade nos seus mundos como um princípio, em uma manifestação espiritual maior e menos carregada com as atitudes críticas da Humanidade, que, devo confessar, são quebradiças e faz com que os homens quebrem como vidro fino o cálice da sua consagração e espalhem as suas energias pela Terra sem manterem uma matriz constante e valiosa.

Pedir a Misericórdia Divina à Divindade não é um ato humilhante. Pelo contrário, mostra o reconhecimento dos erros do passado e o desejo que a pessoa tem de se emendar naquele momento – não somente alterar o curso do futuro, mas também contribuir para o futuro da própria raça, para que esta possa realizar um espiral ascendente.

A chama da misericórdia é o meio pelo qual o Cristo intercede em prol daqueles que não conseguem carregar todo o fardo do seu retorno de carma, precisando de um intermediário que se interponha entre a sua criação humana e a Grande Lei.

Kuan Shi Yin descreve assim a chama da misericórdia que ela personifica:

> Supliquei diante do Conselho do Carma por muitos de vós, para que recebêsseis uma oportunidade de reencarnar, inteiros, sem o grande carma de nascerem mutilados ou cegos, que alguns mereciam. Intercedi com a chama da misericórdia a vosso favor, de forma que pudésseis buscar a luz da lei numa forma física e mental perfeitas... A ação do perdão coloca o carma de lado, diminuindo-o durante certo período de tempo, dando à alma a oportunidade de encontrar Deus, de encontrar o Espírito Santo, de abraçar o Buda como o Iluminador.

Seus ensinamentos têm uma profundidade e uma grandeza que transcendem a percepção humana, uma vez que, sem vivenciar a chama de misericórdia, o ser humano não tem como sentir essa plenitude. E como saber o que é se molhar sem nunca ter entrado na água?

O Ser humano deve, em nome da Misericórdia, criar um quadro de palavras que ensine as pessoas a serem misericordiosas para consigo mesmas, assim também para com a vida, pois, em última análise, é a Misericórdia que encurtará os dias dos trabalhos do Homem até que a Era de Ouro possa se tornar uma Realidade tangível do mundo exterior.

Muito embora este livro trate de Kuan Shi Yin, não se pode esquecer que, em matéria de Grande Fraternidade Branca, temos uma Hierarquia de Luz composta, como já visto, de excelsos seres, os quais, por seu amor maior, auxiliam a Humanidade. Por isso, alguns conceitos e citações que estão no Livro sagrado devem ser mencionados para se entender, mais amiúde, aonde a Misericórdia nos conduz.

Os homens e as mulheres que não têm dentro de si a qualidade da Misericórdia são frágeis e, mais cedo ou mais tarde, entram em colapso mental ou físico devido à rigidez e à dureza de seus seres. É o que vemos na seguinte citação: "E o Senhor Deus endureceu o coração do Faraó" [7].

> Isto significa dizermos que, não se precisa permitir que a Humanidade pise em vós ou vos cuspa em cima impunemente, pois, em cada caso, a lei sempre se encarrega daqueles que ferem os discípulos de Deus, e nunca será necessário levantardes a mão contra qualquer homem, mesmo em pensamento. Se absorverdes este preceito com um sentimento de Justiça Cósmica e pacífica serenidade de Misericórdia, já não sereis mais o vosso próprio empecilho para atingirdes a grande e tranquila Paz do Cristo majestoso ou do Buda Sereno. As águas do vosso ser serão calmas e no conhecimento seguro de que a vontade de Deus está sendo feita no Céu e será feita aqui embaixo, procurareis colocar a vossa mão no arado sem olhar para trás, lavrando o sulco direito em nome da Misericórdia e na esperança de uma abundante colheita. [8]

É certo que a necessidade do mundo é grande e muito grande é a crueldade do mundo, mas a Misericórdia de Deus dura para sempre. De eternidade a eternidade, Ele tem erguido a Sua Mão a fim de ungir as colinas com suaves gotas da Sua Misericórdia. Sede, caros leitores, misericordiosos para convosco. Sede misericordiosos para com todos os homens; não tenhais medo de quebrar os frágeis conceitos dos homens, nem de confiar no aparentemente frágil, mas invencível Poder do Mundo invisível.

---

7. Êxodo: 7,3-13.

8. Lucas: 9,62.

Kuan Yin da Água Pura.
Imagem do livro *Oráculo Pérolas Kuan Yin* – Pérola 33

7

Do Grande Arrependimento e Compaixão

Há o chamado Grande Manual do Arrependimento (Compaixão) com riqueza de detalhes, escrito por Chih'lis, o qual no prefácio diz que, poderia ter recitado o mesmo desde criança, mas não possuía a forma, o método. Somente depois que começou a praticar a meditação chamada *Tien-tai* e analisou o texto do Sutra, descobriu que poderia servir ao duplo propósito de atingir sabedoria por meio da contemplação e ao mesmo tempo satisfazer a performance necessária e exigida pelo ritual. Escrevendo então o manual, fê-lo principalmente para seu uso pessoal. De acordo com o escritor, existem quatro tipos do chamado *Samādhi*, mantendo a consciência para onde é dirigida. O ritual deve ser realizado em 21 dias, sendo consistente em dez partes:

1. Santificar o lugar da prática
2. Purificar as três atividades (boca, corpo e mente)
3. Criar um espaço ritual
4. Fazer oferendas
5. Convidar os Três Tesouros e vários deuses
6. Louvor e oração

7. Prostrações
8. Tomar votos e cantar o Dharani
9. Confissão e arrependimento
10. Praticar o discernimento

O modelo de Samādhi utilizado pelo autor é o chamado *Lótus*. Quando comparamos esta sequência em dez passos com a do *Samādhi de lótus*, descobrimos que Chih'lis substituiu circumambulação e recitação do Sutra de Lótus com prostração e, tomando uma decisão cantando o Dharani, Chih'lis distinguiu entre três formas de arrependimento, por ações, contemplação das formas de Buda ou Bodhisattva e pela contemplação do nascimento.

O manual se baseia em elementos que contêm todos esses três tipos de arrependimento. Há uma visão e ideia consistente: O sutra diz: deve-se estar ou ficar em um quarto limpo, pendurar bandeiras, lâmpadas de luz coloridas e determinar o local onde haverá oferta de incenso, flores, comida e bebida. O ritual de *Pai-lu* (chamado "Cem itens do Mosteiro Kuo-chi'ng") diz: "O local deve ser decorado marcando o chão ou decorando o lugar da prática, pendurando-se dosséis. Coloque uma imagem do Buda virada ao Sul e uma imagem de Kuan Yin voltada para o Leste. Para este ritual, deve-se definir entre uma imagem do Avalokiteshvara de mil mãos e mil olhos ou uma imagem com quarenta mãos. Se não estiver disponível, use uma imagem de quatro ou seis braços. Na falta desses, você pode usar qualquer imagem de Buda Sakyamuni ou Bodhisattva P'u-hsien (*samantabhadra*).

1. Os dez praticantes devem sentar-se ao chão, de frente para o Oeste. Se a terra estiver molhada ou inclinada, então pode usar uma plataforma embaixo para sentar. Você deve fazer oferendas a cada dia, com o melhor de sua capacidade. Se isso for impossível, deve pelo menos fazer o seu melhor no primeiro dia. A sessão deve perdurar por vinte e um dias. Não se deve encurtá-la.

2. Purifique as três atividades. Após o banho, use roupas limpas e claras e mantenha a mente em controle. Utilize tanto o Sutra quanto a chamada *Lótus Samādhi.* Mesmo que você tenha costume de se lavar e permanecer limpo, a assepsia deve ser pelo banho, todos os dias. Durante o trabalho ritualístico, não se deve engajar em conversa frívola, brincadeiras sociais ou saudações e cumprimentos; não se deve pensar em assuntos mundanos, mesmo que por um segundo, mas sempre conduzir a sua mente de acordo com a instrução encontrada no Sutra. Quando você tiver de satisfazer a sede ou se alimentar, conserve o mesmo estado de espírito, sem perdê-lo pela distração. Quando terminar, volte para o lugar da prática, sendo desta forma que se deve proceder. Não se deve demorar a voltar ao estado inicial, usando um pretexto, como o descrito acima. Em essência, ser claro sobre o que é permitido e o que é proibido na ação corporal - quando ficar em silêncio e quando se expressar em palavras - sendo uma forma de parar e manter esta forma de contemplar em seus pensamentos. Todo Ritual, toda meditação sempre é em silêncio e mental. Às vezes, há a parte verbalizada, ocasião em que deve ser realizada com instrução.
3. No primeiro dia da sessão, ou do ritual, antes de fazer prostrações formais, todos os praticantes devem criar um espaço individual para o ritual. O limite de tal cenário pode ser limpo e demarcado mentalmente ou com água, sementes de mostarda branca, cinzas, cinco linhas ou fitas coloridas, sobre o qual o Dharani deve ser recitado ou cantado vinte e uma vezes, conforme estipulado no Sutra.
4. Depois de ter assim criado o espaço ritual, deve-se ficar na frente da imagem de mil olhos e pensar desta maneira: "Não há diferença no corpo e na mente entre os Três Tesouros,

assim também os seres sencientes no *Dharmadhatu* e eu. Todos os Budas são iluminados, enquanto em toda a área seres sencientes estão ainda iludidos. Adorar os três tesouros objetiva limpar os obstáculos criados pela ilusão para o bem dos seres sencientes. O mestre penitência oferece incenso e depois canta ou ora: "Que essa nuvem de incenso permeie as dez direções. Cada um e cada terra do Buda seja adornada com incenso ilimitado. Que todos os seres entrem no caminho da Bodhisattva e obtenham a fragrância do *Tathagata*". [9]

5. Enquanto ajoelhando-se e oferecendo incenso, os praticantes pensam assim: "Embora os Três Tesouros tenham sido libertados de obstruções e a pureza atingida, por causa de sua Compaixão pelos seres sencientes, eles virão para remover o sofrimento e dar felicidade se forem convidados com sinceridade". Começando com a fórmula invocatória: "Com uma mente, nós respeitosamente convidamos Buda Sakyamuni, nosso professor original", da lista de convidados inclua Buda Amitabha, Kuan Yin e todos os deuses e Bodhisattvas mencionados na literatura chinesa, com os quais tenha afinidade.
6. Não havendo cântico ou oração de louvor, cria-se um para esta ocasião. Pode ser: "*Namah Tathagata*", brilhante verdadeiro Dharma que é Kuan Shih Yin Bodhisattva, presente aqui diante de nós. Tendo méritos maravilhosos realizados e cheios de grande Compaixão, você manifestará mil olhos e mãos em um corpo Iluminando, o *Dharmadhatu*, e salvaguardando os seres sencientes, levando-os a desenvolver a mais ampla e vasta mente da verdade, ensinando-os a manter o Dharani perfeito e divino. Fará com que saiam para sempre do reino

---

9. *Tathagata*: um dos sinônimos para Buda, em sânscrito (apesar do trecho acima derivar da língua pali). Literalmente significa "aquele que assim foi/veio".

do nascimento do mal e venham a nascer na frente de Buda. Você os livra dos pecados que merecem punição no inferno e doenças dolorosas, crônicas, que médico não pode curar. Pode se habilitar a dominar rapidamente os três veículos e ascender ao estágio de Buda. Por isso, aquele que estiver prostrado deve se refugiar em uma mente sincera e concentrada.
Na oferta de louvor a Kuan Yin, você deve fazer a mais pura e sincera oração, mas para mostrar sua própria Compaixão e por você mesmo, usando sua sabedoria e de acordo com a realidade. No entanto, não se deve pedir o prolongamento de sua vida. Sua mente deve estar sempre voltada para beneficiar os seres sencientes. Somente quando estiver concentrado e sincero, você receberá uma resposta. Nunca trate este assunto de forma descuidada ou menospreze os semelhantes.

7. Uma vez que a substância de Três Tesouros[10] é a Compaixão Incondicional e eles sempre querem salvar todos os seres sencientes, você deve acreditar que eles já estão presentes no espaço dedicado ao ritual, mesmo que não possa vê-los com seus olhos nus. Portanto, você deve oferecer-lhes incenso, prostrando-se plenamente com a cabeça tocando o chão, e assim render homenagem a eles, quando se deparar com qualquer menção à Dharani da Grande Compaixão e a Kuan Yin, devendo se prostrar três vezes. Mas não precisa fazê-lo quando os deuses diversos, fantasmas e espíritos são mencionados no Sutra. Isto é importante.

10. As Três Joias, também conhecida por Três Tesouros, Três Refúgios ou Gema Tripla são as três coisas nas quais os budistas procuram a salvação e orientação, num processo conhecido como "tomar refúgio".

Kuan Yin, a Compassiva Universal.
Imagem do livro *Oráculo Pérolas Kuan Yin* – Pérola 27

8

Carma e Dharma, para quê?

A Lei do Carma

O Universo é governado por leis cósmicas científicas, das quais muitas leis físicas são sua consequência imediata. Sim, porque o cosmos material é um reflexo do mundo espiritual. Consideremos, por exemplo, o princípio da igualdade da ação e da reação, da Mecânica física, a qual estipula que, quando um corpo móvel atua sobre outro, provoca neste uma reação da mesma intensidade em sentido contrário. Esta lei não é senão a expressão física da Lei Cósmica do Carma (também conhecida como Lei da Retribuição ou da Causa e Efeito) que já foi explicada com tanta simplicidade: "Aquilo que semeares, colherás".

Cada um de nossos sentimentos e pensamentos e atos é um investimento de energia que desce a cada instante do Eu Verdadeiro pelo cordão de cristal, o chamado *Anthakarana*, e que nós moldamos (ou qualificamos) com nosso livre-arbítrio. Em cada momento que passa, projetamos na atmosfera da Terra energias etéricas, mentais, emocionais e físicas que levam o selo de nossa identidade. Tal como acontece com um bumerangue, estas energias retornam obrigatoriamente a quem as emitiu.

Segundo esta lei, os nossos pensamentos, palavras e atos – positivos e negativos – criam uma cadeia de causa e efeito e sentiremos o efeito de cada causa que iniciamos. É Deus que aplica a Justiça e nós devemos perdoar. Portanto, temos como evitar que haja carma negativo, mesmo que haja a aceleração deste carma, pois podemos impedi-lo. Permiti-lo é como pagar uma dívida com juros e, assim, enquanto se tenta pagá-la, a dívida se torna cada vez maior.

A transformação do ser humano, quebrando suas amarras de intemperança, traz o poder do amor para mudar o Universo, quebra a recalcitrância e a calcinação de conceitos humanos, de carma passado, de amarras passadas.

Existem, por certo, leis de Deus que dizem respeito diretamente ao chamado *efeito do carma passado* atingindo a vida presente.

Tudo o que ocorre nesta vida atual – as circunstâncias, as oportunidades e o potencial individual de cada um – nada mais são que o próprio resultado dos usos e mais usos pretéritos do Fogo Sagrado.

Importante também salientar que, até mesmo o fluxo da corrente de vida do homem é determinado pela forma como utilizou a vida no passado, quer dizer, então, que o tempo de vida tanto quanto os pormenores de uma determinada encarnação física são determinados por esta ação no passado, conforme podemos encontrar literalmente expresso desta forma: "os cabelos de vossa cabeça são todos contados", significando que estes são contados pela Lei de Causa e Efeito que, de outra forma, nada mais é que a própria Lei do Carma.

Porém, o homem não é uma simples vítima sem esperança ou desafortunada a carregar o seu carma de forma inexorável, podendo certamente ocorrer certa metamorfose, ainda que o que parece estabelecido pelo Decreto Divino ou pela inefável lei seja visto de forma definitiva, por intermédio daqueles que são conhecidos como os "Senhores do Carma na Grande Fraternidade Branca" com as chamadas *dispensações da Lei da Misericórdia*, em resposta aos chamados fervorosos da Humanidade não ascensa.

Ocorre que, certas frações ou fragmentos ou determinados fardos cármicos podem, então, ser postos de lado e o indivíduo pode enfrentar seu destino no temor do Senhor, mas de forma a se regozijar por ser, aqui e agora, um filho ou uma filha de Deus.

A Lei do Retorno é sempre a Lei da Oportunidade.

Na Humanidade não ascensa, uma pessoa ao invocar a Lei do Perdão alcança certa mestria na Senda espiritual, então a Lei da Misericórdia retorna o "pecado" que foi colocado de lado, para que a pessoa desfrute a alegria de equilibrar cada jota e cada til da energia mal qualificada, cumprindo, assim, a Lei do seu próprio ser.

O carma nunca é um castigo, mas, sim, uma espécie de recriação de circunstâncias anteriores de modo que, onde a alma falhou, possa ser bem-sucedida, e onde foi bem-sucedida possa vencer mais uma vez, até a vitória final da ascensão na Luz.

O Dharma

Dhamma ou *Dharma,* em sânscrito, é uma palavra derivada da raiz *Dham* que significa, na verdade, "conter", "manter" ou "apoiar". É o que defende ou apoia o praticante (de *Dhamma*) e o impede de cair em estados de miséria ou nascimento em uma existência lastimável. De toda a terminologia budista, *Dhamma* é a palavra que ordena a mais ampla abrangência de significados.

Em termos gerais, essa palavra pode ainda se referir, em determinado aspecto, a todos os fenômenos existentes, pois cada fenômeno contém sua própria identidade. Contudo, no contexto do *Dharma* e do mundo, podemos defini-lo como qualquer prática por meio do qual uma pessoa que a tenha em seu *continuum* fica livre de determinados temores. Este afastamento ou proteção pode ocorrer em relação aos sofrimentos – as emoções perturbadoras. Estamos procurando controlar a mente! E as práticas com as quais a mente é controlada se chama *Dharma*. Por meio dela a pessoa é afastada temporariamente do medo e, com o decorrer do tempo, é mantida fora do alcance das situações más e atemorizantes, criadas pelo envolvimento com emoções perturbadoras.

Para compreender melhor, partimos da consideração de ser o próprio conceito de *Dharma* se não o mais importante, um dos que o são, através do qual toda aquela Sabedoria que está implícita, sim, na prática dos ensinamentos budistas, pode não somente ser exercida, mas apreendida no âmago do ser.

No entanto, há duas considerações que devem ser efetivamente tratadas, sendo, em primeiro momento, a definição básica traduzida tal qual a Lei ou a maneira como as coisas simplesmente são, abrangendo aspectos da moral e da ética. Neste contexto, teremos os ensinamentos de Buda, os quais revelam determinadas premissas a serem observadas e respeitadas como verdade imutável, perene, universal, abrangente e não exclusiva do próprio budismo. Dharma, portanto, é cultivar o conhecimento e a prática das leis e princípios que unem a teia da realidade, os fenômenos naturais e da personalidade dos seres humanos na interdependência dinâmica e na harmonia maior. Revela-se assim, a possibilidade de acesso a toda a Humanidade sem restrição ou barreiras decorrentes de raça, credo, etnia, convicção política e outras.

De outra banda, revela-se também e em similitude de situação, os conhecidos "dharmas" que tratam de um conglomerado de aspectos situacionais, descritos como fenômenos ou comportamentos, que dão suporte ou alicerce ao trilhar do discípulo, levando-o a patamares conscienciais onde poderão se descortinar verdades e mistérios maiores, os quais, por sua própria natureza, conduzirão ao engrandecimento da alma. Assim, como ocorrerão de fato e de forma fracionada eventos que compõem o contexto geral da verdade eterna, surgirão, passo a passo, novas e deslumbrantes descobertas.

Decorrente do exposto, podemos considerar que não há um contrassenso entre Dharma e Carma, como explicado anteriormente no conceito deste, sendo conceitos distintos em sua própria natureza, embora seja de fato complementares. Significa dizer, que não é preciso a definição ou ensinamento que aponta a necessidade de se realizar mais o processo de "Dharma" e desta forma não criar carma.

Os ensinamentos de Buda são extremamente eficazes dentro de uma realidade palpável e sensível. Ele ensinou, como muitos sabem, as quatro nobres verdades, que trazem o entendimento de que o que tomamos como real se manifesta na forma de sofrimento, mas que existe um caminho que leva deste sofrimento à felicidade definitiva.

Se buscarmos na tradição tibetana, vamos encontrar de fato a revelação de quatro Pensamentos sobre esta realidade que nos ajudam a aprofundar e internalizar o entendimento destas quatro nobres verdades.

Significa dizer que estes Quatro Pensamentos Que Voltam a Mente Para o Dharma nos ajudam a superar nossa habitual inércia, estagnação, e fornecem de plano a alavanca que irá impulsionar e estabelecer determinada motivação para a realização e a prática budista.

Porém, estes quatro pensamentos que conduzem a mente para o Dharma precisam ser percebidos e apreendidos na realização de intensa e profunda contemplação, a qual, por sua própria natureza, levará a estar face a face com a realidade individual e pessoal. Significa chegar ao entendimento da importância e da preciosidade como uma joia que é o nascimento do homem e, neste patamar, possibilitará pela experiência e prática, observar que os fenômenos são transitórios (como a doença, por exemplo) tanto quanto que o tempo urge e a prática precisa ser estabelecida como uma rotina diária. Reconhece-se a existência do processo cármico e a chance oferecida para a sua extirpação, posto que, com certeza plena, a rosa do Samsara a ninguém alegra, mas, sim, gera imensa insatisfação.

Mas não podemos esquecer que em matéria de Dharma há três pilares, três campos de ação que cultivam e reforçam os movimentos chamados *paramis*, que serão citados adiante.

O princípio é de Generosidade. Dar é a própria manifestação expressiva do fator mental da não avidez em ação. Não avidez significa ceder, abrir mão, não segurar, não agarrar, não se enganchar, deixar ir, desapegar-se. Se você tem um prato de comida e partilha o que tem com outro, isso reforça o fator benéfico, até que se torna uma força mental intensivamente poderosa.

Buda disse que se as pessoas soubessem qual é o fruto do ato de doar, não deixaríamos passar nem sequer uma simples refeição sem dividi-la. Há resultados cármicos da generosidade, que são a abundância e os relacionamentos profundos e harmoniosos com as outras pessoas. Dividir, compartilhar, ceder, dar, não agarrar, liberar o que temos é uma forma esplêndida de relacionamento com os outros e as amizades ficarão muito mais profundas pela qualidade da Generosidade. Acima disso e relativamente mais significante é que o cultivo da não avidez torna-se uma grande força de liberação. O que nos mantém presos é o desejo e o apego em nossas mentes. À medida que praticamos o dar, aprendemos a ceder, a abrir mão, deixar ir, liberar.

Finalizando: praticar e compreender o Dharma é uma coisa preciosa e rara. Poucas pessoas no mundo recebem esta bênção como essa oportunidade. A maior parte das pessoas está andando e andando em círculos, levadas pela ignorância e desejo material de aquisição de poderes passageiros e bens efêmeros, inconscientes da possibilidade de saírem dessa roda de Samsara, a roda de avidez, de ódio, de ambição e falta de solidariedade.

Para atingir tal fim, deve haver o que se chama na língua páli de *paramis*, ou seja, pureza de conduta e pureza de sabedoria, forças estas envolvidas primeiro na correta conduta, que possibilita ser a causa da ocorrência de felizes vizinhanças, surgimento de relacionamentos duradouros e felizes, bem como a própria oportunidade de ouvir a canção do Dharma. E segundo, a pureza, a sabedoria, que veem pelo exercício do correto compreender, tornando assim viável o crescimento perceptivo, o surgimento dos próprios "insights".

9

O Estado Nirvânico

Nirvana

O que vem a ser Estado Nirvânico? Pode-se dizer ser uma experiência da consciência, mas não simplesmente isto, em realidade, é uma experiência da Consciência chamada *Divina*.

Poderia ser simples, mas como explicar o Espectro da Consciência de Deus, o Infinito, àqueles que se encontram ainda em um estado finito de compreensão tais quais os homens?

A bem da verdade, esta própria medida do Espectro Divino é o chamado *Infinito*; ao passo que o finito, como uma espécie de rolha no Mar Infinito, sobe e desce com cada balanço, com cada onda, com a frequência destas ondas de Expansão Cósmica, até que a alma possa, entrando no chamado *Centro da Mente Divina*, descobrir o sábado ou o dia do descanso, o chamado *Sétimo Dia do Repouso* ou o *Sabbat*. Está e a quietude plena, a Consciência da Paz e da Integridade do Ser. A Paz que ultrapassa todo conhecimento humano. Descrevê-la é inimaginável. Vivenciá-la é descobrir silêncio onde tudo existe e nada falta.

Entretanto, admite-se a possibilidade de que tal situação venha a ocorrer antes que a alma possa subir ou suba, com as experiências decorrentes do passado. Como assim? Bem, pensemos de forma natural e encontraremos que é a consciência chamada *anímica* em sua individualidade que, preteritamente experienciara, de certa maneira, a chamada *separação pela inexistência do "elo ligador", com ausência do Criador*. Quando isto ocorre, necessariamente manifesta-se o chamado *Eu Terrestre* ou *Eu Inferior*.

Do outro lado, opostamente a esse *Eu*, encontra-se o *Eu Celeste* ou *Eu Superior*, o que traz o selo do Ser Superior do homem e que tem um contato direto como uma corrente ininterrupta com as diversas camadas ou níveis da chamada *Consciência Divina*. Esta traz a similitude da Presença Divina a qual, por sua natureza intrínseca, sai para o lado em desvio da personalidade individual e fica como aspecto decorrente na consciência do Nirvana, onde se estabelece "quietude, silêncio absoluto, repouso. Este é o momento maior em que a Glória Infinita Divina se apresenta, com enaltecimento dessa etapa, que vibra incessantemente".

Sedimentando informações precisas, sabemos haver pessoas que, através da meditação e de vários exercícios espirituais entraram no Estado Nirvânico antes da chamada passagem (morte); mas para estes, essa condição de Nirvana tem de ser temporária. Mas por que será que tem de ser assim? Ora, a Consciência do ser humano, antes de vir à incorporação física, procede diretamente desta Consciência Divina, amoldando-se à forma e à substância tridimensional, para que, com a experiência e o avanço da alma, progressivamente obtenha a vitória, adquirindo uma espécie de mestria nos planos inferiores que eleve sua consciência ao patamar mínimo exigível à elevação consciencial, o que lhe permitirá, por certo, conseguir o manuseio de energias em esferas densas em face da utilização de seu livre-arbítrio.

Há, portanto, seres sencientes que buscam de fato a Luz Eterna, mas continuam a expressar as imperfeições, porque são mortais e, desta forma, dão exemplos, demonstram efetivamente a falta de empenho em servir à Grande Lei de Deus em todos os seus aspectos e sentidos, equivalendo dizer, em todos os seus requisitos (a prática do servir) que eles podem, algumas vezes e em determinadas situações, saltar para o Estado Nirvânico sem ter galgado aquela Escada da Mestria individual. Ocorre, assim, que neste momento, o homem vem a ser como era no "início", antes de ingressar no mundo das formas tridimensionais e, assim, sua consciência ainda não totalmente elevada de forma permanente é, de alguma maneira, una com a Consciência Divina.

Entrementes, aquele seu aspecto individual, o eu não transmutado, ainda permanece enredado aqui no plano terrestre, razão pela qual podemos dizer que ele, então, não é mais que mero hóspede passageiro na Casa do Senhor, indigno de ali estar, desqualificado, pois, como candidato à exaltação.

Como poderia ser? De fato, é que a graça alcançada naquele momento realizada de forma automática, mecânica, não pode substituir a Graça Divina Imortal de Deus, que corrige tudo pela Luz e pela Verdade. Quer dizer, então, que no mundo das formas ou da matéria, a Vitória tem de ser alcançada, conquistada de forma efetiva, pois, se o corpo morre enquanto a consciência está no chamado Nirvana, a consciência tem de retornar a encarnar para elevar seus veículos inferiores. Dá para entender o que se está dizendo?

Aqueles que alcançam o Nirvana temporariamente, ou seja, estados espirituais superiores pela prática da yoga determinada ou por intermédio de raios de luz e som progressivos ou ainda em estados de expansão de consciência, utilizando artifícios outros e indevidos, deveriam acautelar-se, tomando consciência de que somente a mestria que está ligada a uma escadaria iniciática progressiva e verdadeira é que conduz à Ascensão, não sendo possível saltar do primeiro degrau ao último sem experienciar cada patamar, cada etapa na subida. O Homem pode, sim, subir ou descer a escada rapidamente ou a passo de tartaruga, mas o fato é que, passar por cima de quaisquer desses níveis obrigará, por Édito Cósmico, um retorno para receber de novo a lição que foi "colada" de forma errada.

Porém, quando de forma indelével é consagrada a Ascensão final, o homem é elevado às alturas e recebe uma opção de permanecer no Nirvana ou ajudar a evolução do Planeta Terra, como o fez Kuan Yin. Sim, pois há quem receba a Ascensão como um Ato de Divina Misericórdia, mas mantém alguns aspectos cármicos em seus registros de vidas, razão pela qual tem de servir à Terra nos níveis internos do ser para, desta maneira, atender à Lei Cósmica. Quando chegar a hora e o momento correto, alcançam o efetivo direito final de entrar no Nirvana.

Pode ocorrer que, dependendo do grau de Luz adquirido, dos trabalhos que foram realizados na Terra antes da partida, como é o caso de Gautama Buda e Kuan Yin que receberam o direito de entrar no Estado Nirvânico, serem trazidos de novo a este Planeta devido aos intensos chamados da Humanidade que clama e, de forma bem especial, àqueles que estiveram ligados com os mesmos e que necessitam da sua assistência e do seu Amor.

Nirvana, portanto, significa literalmente apagar ou extinguir a identidade consciente humana. Significa dizer que é a própria extinção da densa consciência dos sentidos humanos. A parte da consciência que sente a separação de Deus devido ao seu envolvimento no orgulho do próprio ego. É efetivamente a entrega total, voluntária ao Senhor de todas as características humanas não desejadas, desqualificadas, que têm de ser abandonadas para ser transmutadas, levando o indivíduo, em decorrência desta atitude, ao estado de consciência tal que, do mesmo modo que os chamados puros de coração, ele possa ver, face a face, Deus. E que, ao vê-lo, tornar-se um com ele, já que, ao vê-lo nunca mais se pode ser o mesmo.

O homem, a alma, assim se entrega, submete-se à Vontade Divina, em total e irresignada submissão e obediência ao Plano Divino estabelecido adredemente. As suas experiências positivas são aceitas e incorporadas à sua existência. O que estiver abaixo do estado nirvânico, pois, como o que contribui para a existência dos chamados estados inferiores de consciência humana e com a substância indesejada não redimida da Humanidade, uma vez abandonado, permite que o véu da ilusão se descortine, se rasgue, antes que possa ser visto o Criador face a face.

Nas chamadas decorrências de "pausa para repouso" na Criação, há certa alegria e contemplação, quando o Criador observa o ser criado. Pensem em uma obra sendo construída. Há rumores, conversas, golpes de martelo, serras, polimentos de madeiras, tijolos, porém, ao término, há intensa satisfação pela conclusão, paz decorrente deste fim. Isso se assemelha ao Nirvana, quando energias saem e retornam a quem as gerou, o chamado tempo do *Pralaia*.[11] Aí surge, novamente, de forma cíclica, a manifestação de criar.

Quando assim, o homem sai da esfera terrestre obtendo uma elevada consciência Divina, encontra a libertação do corpo, do sentimento ou a atração que vem pelo sentir, tornando-se uma unidade. Este é um estado nirvânico, de perfeição absoluta, o qual é perfeitamente passível de ser alcançado, sendo, assim, nesta ótica, o objetivo, o desejo, a meta a ser alcançada.

Para tudo isto existe condições inerentes que devem ser respeitadas e obedecidas, tais quais amar a Justiça e a Misericórdia, para caminhar de forma humilde, ter paciência na busca do

---

11. *Pralaia* - dissolução e reabsorção do Universo ao final de um ciclo. Esta é a fase transcendental da consciência, a fase passiva, o período potencial em que toda manifestação está adormecida.

entendimento superior, sem desespero, sem dramas, sem medos, buscando não conflitar sobre pontos da Lei. Se algo chegar ao seu terreno, certamente é para que tire o melhor proveito, aprendendo as lições após o devido preparo e estudo. Não importa o tempo que levará. Todos são capazes. Alguns poderão captar rapidamente a essência do que estamos dizendo; outros irão requerer mais reflexão e tempo para apreciar todo o significado daquilo que estamos apresentando aqui.

Sabeis que o que é Verdade para um homem é verdade para muitos; e a ignorância criou como ainda cria problemas para a raça humana, problemas de compreensão, em que os homens não se entendem falando a mesma língua, mas à medida que tais questões e problemas são corrigidos, retificados um a um, e as suas soluções são trazidas a um foco correto, Paz e Poder interiores chegam para cada um.

O Caminho Infinito que aparece ao longe contém numerosas ofertas florais de pensamento e beleza espirituais inimagináveis e que aguardam por serem descobertas, conduzindo cada um à Ascensão, ao Nirvana. Possa a Luz avançar sempre e que a consciência de cada um esteja tão ocupada com a vitória e o trabalho Divino e sagrado para atingir esta vitória, que se preencha com o elixir da Luz Divina; robusteça-se, para serem purgados, banhados e libertados da substância e nódoas das coisas desta vida mundana terrestre. Depois disto, quando se está limpo e inteiro (integral), poder-se-á servir nas fileiras dos portadores de luz.

Bodhisattva Kuan Yin compromete-se a não usufruir desse nível do Nirvana enquanto houver um único ser na Terra que não tenha sido libertado. Uma pessoa que tenha condições de ascender pode escolher a senda de Bodhisattva e permanecer com a Humanidade como a Bodhisattva citada.

10

Mantras e Rituais de Kuan Yin

Mantras favoritos de Kuan Yin

Os mantras são frequentemente os nomes dos Budas, Mestres ou Bodhisattvas que os compuseram, investidos com um infalível poder de ação, de forma que a repetição do nome da Deidade transmite as qualidades de sua mente. O nome é idêntico à deidade ou essência da Deidade que o compôs e com ele presenteia a Humanidade, dando a seus irmãos a essência de tudo que ele atingiu em muitas vidas de esforço e sagrado ofício no caminho evolutivo, dando o glorioso resultado de seu *momentum* de sabedoria.

Sabemos que a palavra, pela força criativa do chacra laríngeo, tem um poder do próprio significado do que ela contém. Significa o mesmo que dizer que esta força gera um efeito energético derivado do próprio som que produz e, desta maneira, quando recitamos determinado mantra, este som, que vai crescendo à medida que as repetições ocorrem, produz determinada condição energética que, por sua própria natureza, buscará pela frequência resultante atingir seu objetivo, refletindo-se nos corpos sutis do ser humano e até mesmo no campo periférico terrestre que envolve.

Necessário observar que nossos centros energéticos, conhecidos por "rodas" ou "chacras", produzem também determinado som mântrico, considerando que os seis chacras inferiores têm no total cinquenta pétalas que se associam intimamente às letras do alfabeto sânscrito, composto deste mesmo número, sendo esta uma das facetas do oculto que ora se revela.

Se aprofundarmos um pouco acerca desse assunto, encontraremos também que o mantra, quando proferido, irá efetivamente transmitir para a letra do alfabeto citado uma determinada vibração, cujo campo de luz irá atingir determinada pétala, tornando-se uma espécie de imã que atrairá para o campo periférico circunjacente da pessoa aquela energia. Por tais razões, dizemos que ao recitarmos ou cantarmos determinado mantra, na frequência e vibração corretas, o efeito produzido será o de atingir os corpos da pessoa, para, desta maneira, elevar consciencialmente aquele ser.

Mas seriam somente estas condições as necessárias a um efeito positivo pela utilização dos Mantras? Cremos que não.

Existem milhares de mantras individuais, tanto quanto os que compõem uma verdadeira música ou canção, sendo certo que, para o emprego dos mesmos, é necessário para a amplificação dos benefícios que podem advir, associar a vontade determinante ou o "para que deseja usá-lo", qual objetivo final.

De forma correta, quando se emprega ou se associa este querer à intenção e à concentração, somado à vibração sonora produzida, iremos, por conseguinte, favorecer a amplitude no campo de atuação, fortalecendo e até mesmo direcionando a energia produzida. O campo espiritual do atuante será aquinhoado com toda espécie de benefícios. Embora seja expresso pela mente ou pela boca, o som do mantra vem do coração.

Por mais que seja demonstrado como ocorre a atuação dos mantras, seus efeitos próximos no presente e no futuro, bem como acerca das experiências que daí decorrem, ainda serão insuficientes para assentar de forma objetiva tais fatos, porque, somente pela própria experiência individual é que se poderá avaliar o que se está dizendo.

Para mais entendimento e fixação, recorremos à exemplificação. Se falarmos para uma criança que se colocar o dedo na tomada pode levar um choque, como resultado desta insensatez e, por mais que a admoestemos nesse sentido, certamente, somente pela própria experiência ela irá entender.

Não há de forma efetiva qualquer espécie de linguagem produzida que traduza a experiência de "levar um choque elétrico". Da mesma maneira, é o que ocorre com os mantras, porque somente pelo ato de praticá-los, em que língua seja, é que se conhecerá seus efeitos. E com as repetições de outras pessoas se chegará a um conceito experiencial determinado, associando aquele mantra a determinado resultado com embasamento nas vivências.

Além de toda esta explicação, existe algo mais que o mantra possa realizar? Necessariamente, para este questionamento, iremos encontrar a atuação do mantra em uma esfera ampla e irrestrita, indo além dos próprios conceitos humanos, os quais pela sua própria limitação não poderia, como é de se esperar, atingir patamares afirmativos elevados, mas, sim, dentro do estreito sentido de sua percepção fenomênica no campo residual humano.

Pretende-se deixar afirmado que, ainda existem as condições do processo da respiração, que é de perto abrangido pela utilização dos mantras, como no caso do próprio prana que recebe a energia essencial e pode, inclusive em processos voltados à cura integral do ser, ser transferido a outra pessoa com efeitos benéficos. Além disto, pode ainda, dentro do processo de autocura, ser expandido para determinados órgãos específicos e debilitados.

Como fazer isso? Não é tão simples, embora o processo não demande um maior entendimento. No final deste livro, ofereceremos alguns exemplos com técnicas apropriadas para tal trabalho.

Quando recitamos um determinado mantra visualizando um órgão interno, banhando-o em luz, o poder do mantra pode se concentrar nesse órgão com efeito positivo. O ato de visualizar, nesse caso, funciona como intenção, foco e direcionamento da energia produzida pelo mantra.

Outro aspecto que o mantra bem utilizado pode produzir é energia incandescente, como o próprio fogo. Sabemos que este elemento pode produzir vários resultados, dependendo do fim a que se destina. Tomemos como exemplo o fogo que se utiliza ao cozinhar. Em essência, é o mesmo fogo que incendeia florestas ou causa incêndios em casas, barracos ou queima a lenha.

Queremos dizer com isso que, é necessário saber como utilizar os mantras, para qual seja a força a que se destina; qual o resultado que é esperado e tantas outras questões, objetivando-se um trabalho sério, com respeito, sem que se tenham condições de produzir qualquer situação desconfortável ou prejudicial a qualquer corrente de vida.

Lá no longínquo Tibet, por exemplo, o mantra é um meio para se criar uma realidade mental de iluminação. A utilização do som faz nascer algo na mente e, consequentemente, no plano material, porque aquilo que a pessoa pensa, tende a se realizar na matéria, como o ensinamento de Buda que diz: "O homem é aquilo que ele pensa". O mantra, portanto, para o tibetano, tem uma força incrível. Tanto que, somente quando o Tibet foi invadido pelos chineses e os monges exilados em vários países é que esta tradição, até então secreta, espalhou-se pelo mundo. Graça Divina, pois.

E assim era mantido oculto da Humanidade, porque, lá no Tibet, no passado, os homens davam muita importância para aquilo que eles falavam, comunicavam e pensavam, e sabiam o poder existente, que poderia ser mal usado pelo homem no cotidiano. As palavras não podem ser jogadas ao vento, e a preciosidade dos mantras deve ser protegida, usando-os de forma adequada e responsável. Um exemplo bem simples. Quando se fala alguma palavra e se coloca o vocábulo "quadrado" logo após, tal qual "Ignorante ao quadrado", teremos uma verdadeira fera solta, ou ainda, "besta quadrada", estar-se-á referindo aos aspectos mais perversos, posto que, o quadrado é o próprio limite, ou seja, o mal que é a besta. De outra banda, ao se falar eles são "desanimados", teremos codificado "*dês* sem *ânima*", querendo referir-se à alma sem alma e, mais ainda, uma palavra como "coitado", sendo decodificada será "nascido do coito".

A prática do mantra é pela palavra vivente, a própria ciência mântrica. Cada letra que o compõe deve ser tratada com respeito e devoção, verdadeiramente como uma preciosidade, como uma verdadeira joia de luz, assim também fazem os monges.

Este é o desejo de Kuan Shi Yin, que cada um compreenda seu trabalho, o significado de todas as ferramentas que envolvem sua expressão, para que possam auxiliar todos os seres sencientes a se libertarem do ciclo cármico, da corrente de sofrimento e de dores, e não situação inversa, pela má utilização das forças divinas colocadas à disposição do homem.

Quais Mantras podemos utilizar

No que se refere ao trabalho com Kuan Shi Yin, iremos analisar alguns dos mantras específicos que podem ser considerados uma espécie de "pronto socorro ou pronta ajuda", quando se necessita da intervenção dela em alguma situação que ocorra na matéria. Começaremos por *OM MANI PADME HUM*, o mantra da Compaixão, e depois *NAMO KWAN SHI YIN PU'SA*.

OM MANI PADME HUM talvez possa ser considerado o mantra mais famoso do próprio budismo; o mantra de seis sílabas da Bodhisattva da Compaixão: Avalokiteshvara Kuan Yin. De origem indiana, de lá o mantra migrou para o Tibet. É o mantra mais entoado pelos budistas tibetanos.

Mas quais são os seus significados?

Como deixamos afirmado anteriormente, de forma inicial é preciso saber não somente o significado, mas quais são os efeitos deste mantra. Vamos buscar esmiuçar o mantra *OM MANI PADME HUM* sem que se esgote o tema.

Dentro do conteúdo das seis sílabas que compõem o mantra, temos que ele, com sua composição, corresponda também à essência das cinco famílias e transcendental perfeição dos budas secretos, conforme será dito. É a fonte para todas as qualidades e mais profunda alegria. A senda destes Budas é que conduz a uma elevada existência para a liberdade total da alma dos elos da corrente ou grilhões que aprisionam o ser senciente na ilusão. Sendo a Deidade e o mantra um em essência, significa que é possível recitar o mantra sem necessariamente trabalhar a visualização. A recitação permanece efetiva. Cada uma das seis sílabas sagradas retém um efeito purificador genuíno.

As seis sílabas que compõem o Mantra

ཨོཾམཎིཔདྨེཧཱུྃ

É muito gratificante e com os mais elevados efeitos benéficos a recitação deste mantra, mas enquanto se realiza a entonação, deve-se pensar em seu significado, pois o significado das seis sílabas é grande e vasto, como será visto.

Este mantra é composto de seis sílabas, como podemos observar:

1. *OM*
2. *MA*
3. *NI*
4. *PAD*
5. *ME*
6. *HUM*

Assim temos, portanto, os seguintes significados:

OM: considerada a sílaba da criação. O primeiro som manifestado. Conduz-nos ao estado de Shakti (devoção).

Segundo o budismo, *OM* fecha a porta para o sofrimento de renascer no reino dos deuses. Consta dos ensinamentos budistas que o sofrimento do reino dos deuses surge da previsão da própria queda do reino dos deuses (isto é, de poderem morrer e renascerem em reinos inferiores). Sofrimento que vem do orgulho (um dos venenos mortais). Este som liberta de tudo aquilo que precisa ser libertado. É o som que afasta o apego.

Recitar esta sílaba, ou entoá-la de forma precisa, abençoa quem o faz para atingir a perfeição na prática da bondade, dissolvendo, erradicando o orgulho. Purifica, enfim, o corpo. Para o povo tibetano, chega mesmo a dissolver o intelecto e a mente. Desta forma, Ele é considerado o alto de uma pirâmide, a própria consciência, a luz, o som da iluminação, despertando nossa Terra (sensação, percepção), Água (sentimento), Fogo (ação, movimento, atitude) e o Ar (pensamento, lógica, raciocínio), ou seja, os quatro corpos inferiores do homem. Representa também Brahma, que é a mente universal, o Pai.

Mais ainda, vai representar o corpo de todos os Budas, iniciando também todos os mantras. Neste caso específico *OM*, liga-se ao Buda dos Raios Secretos, *Ratnasambhava*, Buda que nos inunda com sua sabedoria de igualdade e nos liberta do orgulho espiritual, intelectual e humano.

Decodificação do *OM* com os cinco elementos:

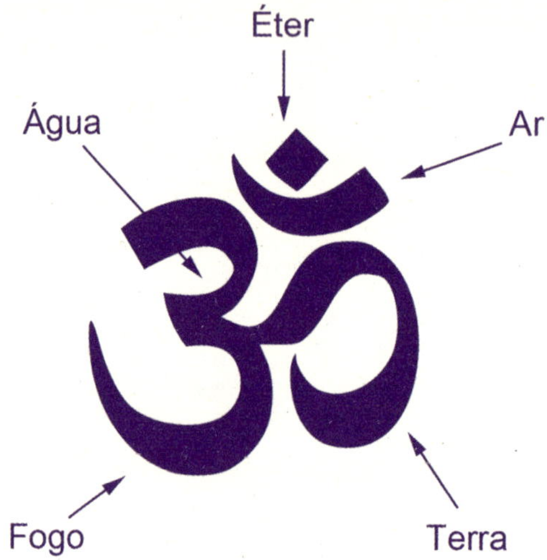

O *OM* é composto de três letras, *A*, *U* e *M*, e simbolizam pela ordem, o corpo (A), a fala (U) e a mente impuras (M) do praticante, assim também tem como simbologia própria e mais além, o corpo, a fala e a mente, exaltadas de um Buda.

Isto tem grande importância, porque o corpo, a fala e a mente impuros podem ser transformados na fala, mente e corpo puros, pelo ensinamento que nos vem para a prática diária. Todos os Budas são de seres que caminharam buscando a perfeição, e assim também nós podemos fazê-lo, para, na confiança do caminho, tornarmo-nos iluminados. Isso porque não encontramos no budismo a afirmação de que existe alguém que, desde o princípio, esteja livre de faltas e que possua todas as boas qualidades. O desenvolvimento da fala, da mente e do corpo puros acontece gradualmente pela dedicação, persistência e determinação, deixando que os estados e os seres impuros se transformem em puros.

Mesmo pelo grande Pitágoras, a sílaba semente OM era considerada, tanto que ele a utilizava tal qual expressão da harmonia das esferas e dizia que "cada som tem um corpo sutil, um corpo de vibração de ritmo e de átomos".

Importante que seja alertado que, embora para Buda e praticantes budistas o *OM* proteja, afaste muitos perigos e crie condições benéficas, muitas vezes, o mantra não protege o homem de outro homem, da crueldade de outro homem, tendo em vista o poder de escolha, o livre-arbítrio de que é dotado. Tanto é assim, que todos os iluminados praticantes foram mortos pelo homem, porque o homem tem o direito de agir como preferir e, na maioria das vezes, age errado. O mantra, portanto, não pode proteger o homem do próprio homem.

MA: aquele que fecha a porta para o sofrimento de renascer no reino dos deuses guerreiros (sânscrito = *asuras*). O sofrimento dos asuras é a luta constante. Este sofrimento tem procedência na inveja. Esta sílaba auxilia no aperfeiçoamento da prática da ética pura. Traz a libertação do ciúme e da luxúria. Purifica a palavra. É oração dirigida à palavra dos Budas. Neste caso, *MA* se refere a outro Buda Dhyani, ligado com os raios secretos, chamado *Amogasidhi*, aquele Buda que nos inunda com sua sabedoria que a tudo realiza, a sabedoria da ação perfeita e nos liberta do veneno da inveja e do ciúme.

NI: sílaba que fecha a porta para o sofrimento de renascer no reino humano. O sofrimento dos humanos é o nascimento, a doença, a velhice e a morte. Este sofrimento vem inacreditavelmente do desejo. Ajuda a atingir a perfeição na prática da tolerância e da paciência. É consumidor da paixão e dos desejos. Purifica a mente. É oração dirigida à mente dos Budas. *NI* – Buda Vajra Sattva nos inunda com a sabedoria da vontade diamantina de Deus. Consome em nós o veneno do medo, da dúvida e da descrença em Deus, o único e verdadeiro Guru.

PAD: sílaba que fecha a porta para o sofrimento de renascer no reino animal. O sofrimento dos animais é o da estupidez, da rapina de um sobre o outro, de ser morto pelos homens para obterem carne, peles, etc., e de ser morto pelas feras por dever de sobrevivência.

Este sofrimento vem, então, da ignorância. Esta sílaba pronunciada ajuda a conquistar a perfeição na prática da perseverança. Elimina a estupidez e danos. Purifica as emoções. É oração dirigida às qualidades ou virtudes dos Budas. Neste caso, refere-se a outro Buda Dhyani Vairochana, aquele que nos inunda com a sabedoria penetrante do Dharmakaya, a poderosa Presença chamada Eu Sou. Consome em nós o veneno da ignorância.

ME: sílaba que fecha a porta para o sofrimento de renascer no reino dos fantasmas famintos (sânscrito = *pretas*). O sofrimento dos fantasmas famintos é tal qual o próprio nome sugere, o da fome e o da sede. Este sofrimento vem da ganância. Ajuda a conquistar a perfeição na prática da concentração. Liberta da pobreza e da possessividade e purifica, assim, as condições latentes, presentes. É oração dirigida a atividades ou movimentos do trabalho dos Budas. Neste caso, refere-se a outro Buda Dhyani chamado *Amitabha*, aquele que nos inunda com a sabedoria da discriminação e consumindo em nós os venenos das paixões, ou seja, todos os desejos intensos de cobiça, avareza e luxúria.

HUM: sílaba que fecha a porta para o sofrimento de renascer no reino do inferno. O sofrimento dos infernos é, interessantemente, o calor e o frio. Este sofrimento vem da raiva ou do ódio.

Esta sílaba ajuda na conquista da perfeição e na prática da sabedoria. A senda das seis perfeições é a senda de todos os Budas. Cada uma das seis sílabas elimina um dos venenos da consciência humana. Consome a agressão e o ódio. Purifica o véu que encobre o conhecimento. Purifica a ilusão. Reúne a graça (bênção) do corpo, palavra, mente, qualidade e atividade dos Budas, tudo unido. Neste caso, o Buda Dhyani Akshobhya, o Buda que nos inunda com a sabedoria que se reflete como em um espelho e que consome em nós os venenos de raiva, ódio e criações do ódio.

Podemos perceber, nitidamente, o poder contido em cada sílaba do mantra que, composto, irradia todos estes poderes para manifestação em nossa vida.

Seguindo com a explicação, tendo sido tal mantra decodificado em seis sílabas, vamos agregar aprofundamento de outra forma, combinando, agora, duas sílabas, assim teremos:

MA + NI = MANI – É o som da transformação. Considerado a joia da mente ou a pedra filosofal, que nos dá a eternidade, tendo, desta forma, o estreito significado de joia, apresentando-se como simbologia de fatores do método – significando que se trata daquela determinada intenção de se tornar iluminado, com a Compaixão e o Amor.

Pensemos no que a joia pode produzir, pois, com sua resplandecência, tem a capacidade de remover toda a pobreza ou dificuldades que existam nesta vida cíclica, assim também tornar possível a paz. Analogamente temos, então, que se uma joia atende de forma direta a um desejo dos seres sencientes, e, por consequência, todo desejo de prática de altruísmo em se tornar um iluminado, preenche, de forma incisa, os seus desejos e atende à vontade dos seres sencientes. É também considerado um cedro iluminado. No Tibet é chamado de *Vajra*, que é o diamante da nossa própria mente e o que há de mais consciente nela. Também faz referência direta à Joia que Chenrezig segura no centro de suas duas mãos.

Se unirmos as sílabas *MANI PADME* damos as características de Chenrezig através de seus atributos: "Aquele que segura a Joia e o Lótus". Portanto, *Chenrezig* ou *Joia do Lótus* são dois nomes para a mesma divindade. Assim, ao se recitar este mantra, estamos na verdade repetindo o nome de *Chenrezig*.[12]

Este mantra é investido com a benção e o poder da mente de Chenrezig, sendo que ele mesmo reúne a bênção e a compaixão de todos os Budas e Bodhisattvas. Desta forma, o mantra é imbuído com a capacidade de purificar nossa mente de sua obscuridade. O mantra abre a mente para o Amor e a Compaixão e a conduz ao despertar.

***PAD + ME = PADME* (pronuncia-se *pémé*):** representa a flor de lótus.[13] Tem o significado e a referência de lótus que Chenrezig segura na sua segunda mão esquerda, expressando de forma simbólica a sabedoria.

Botão de Lótus e a flor aberta

O Lótus, a bela flor, nasce e cresce em ambiente lodoso, onde há mais sujeira, mais dificuldade e mesmo assim não se contamina ou se suja pelas faltas da lama (do mesmo modo, devemos superar o lodo das negatividades e desabrochar as qualidades positivas), eis que, a sabedoria, de certa forma, é capaz de deixá-lo em uma determinada situação em que não há contradição – apesar de que a contradição existiria caso não houvesse sabedoria.

---

12. Chenrezig é um Buda completamente iluminado que, para beneficiar os seres, toma a forma de uma Bodhisattva. A Compaixão do Buda é personificada em Chenrezig. Como personificação da Compaixão de todos os Budas, Chenrezig é ao mesmo tempo a fonte de todos os Budas e Bodhisattvas, já que a Compaixão é exatamente a raiz da iluminação. Chenrezig é Compaixão em si mesma na forma de uma Deidade. Veja capítulo referente.

13. Veja informação detalhada no capítulo A Flor de Lótus símbolo de Kuan Yin, página 39.

Esta flor nasce da escuridão, abre suas flores somente após ter subido além da superfície do lodo. É uma nítida condição de pura lógica. Simbolicamente ainda pode ter o sentido de chacra.

PADME vai ultrapassar este mundo. Existem pessoas no mundo que afirmam que já passaram por determinada situação em sua vida sem perceberem que passaram, e o mais importante é que não ultrapassaram, uma vez que há uma repetição de fatos, de idênticas situações. É exatamente aí que o Som entra para ultrapassar e, assim, criar favoráveis sentimentos e emoções.

Por outro lado, a sonoridade deste mantra confere uma espécie de iluminação ao chamado corpo das emoções ou sentimentos, tanto quanto do sensorial, refletindo-se nas áreas onde o chamado "carma desqualificado" está atuando na existência humana e, por fim, levando a iluminação da consciência.

Vemos na figura do lótus o brilho que está no botão, cujo resplendor irá se irradiar em todas as direções quando a flor se abre. Para os tibetanos, este som facilita a transposição desta vida para outra existência, uma vez que para eles não há a chamada morte.

Resta ainda a sílaba *HUM*, para finalizar, que tem este sentido e explicação:

HUM ***(pronunciar hung)***: representando a mente iluminada, encerra o mantra sílaba que tem indicativo de indivisibilidade. Esta se refere à consciência única como uma entidade indiferenciável. Temos aqui, em termos, que a sílaba semente que *HUM* é, pertence ao chamado Buda Dhyani Akshobhya, que tem como significado o imóvel, aquele que não vacila e que nada pode perturbar, o inalterável. É também a mente de todos os Budas e frequentemente finaliza os mantras.

Sílaba que atua também no exorcismo das sombras humanas individuais. Pode ser representado, para visualização, como um som de limpeza, um pleito de purificação e de higienização, estabelecendo-se uma espécie de desafio ao que não nos serve para evolução, bem como àqueles que nos consideram inimigos, ou mesmo, de forma figurada, mas existentes e com poder, que são os pensamentos perversos, seres da obscuridade e do mal, e até mesmo a ignóbil ignorância, raiva, ódio, maldade dos outros e de nós para conosco.

Podemos imaginar e sentir que *HUM* liberta o espírito, deixando-o livre para voar, simbolizando a libertação das amarras de tudo aquilo que não nos interessa e não faz parte de nossa essência divina ou da nossa alma.

Da mesma forma que *OM* é o símbolo primordial da Criação, o infinito, temos aqui o *HUM* como símbolo do finito. Por intermédio do primeiro podemos compreender o segundo. *OM*, enquanto símbolo da própria eternidade, tem a condição de nos fazer compreender o nosso próprio templo corporal.

Unindo, então, todas as seis sílabas que compõem o mantra *OM MANI PADME HUM* teremos também o significado de que na confiança da prática de um caminho, que é uma união indivisível de método e sabedoria, você pode transformar sua fala, mente e corpo impuros – em mente, fala e corpo exaltados, como os de um Buda. Você deve buscar esta essência dentro de si mesmo, já que as qualidades para tal lá estão latentes, esperando para ser acessadas.

OM MANI PADME HUM – Nossa tradução: recebemos a Joia da consciência no coração do Lótus. Este é o chacra cardíaco, conhecido por *Anahata*, local do corpo físico onde se instala a alma humana, ser real em evolução. Tem um significado mais profundo ainda como o local onde recebemos a joia da consciência divina em nossa alma. (Este é o caminho do meio ensinado por Buda, ou seja, aquela porta estreita que deve ser aberta por Ele. Seu símbolo é o lótus de doze pétalas).

Ele faz alusão a esta indissolúvel união entre o homem e o Universo (consciência a consciência), interpretada de sete maneiras diferentes, com a possibilidade de sete distintas aplicações a outros tantos planos de pensamento e ação.

Ainda se deve elucidar a respeito de outro tipo de fala ou pronúncia deste mesmo mantra, uma vez que, tendo saído inicialmente da Índia e transitado para o Tibet, acarretou, por consequência, a dificuldade em sua entoação como deveria ser, desta forma a mudança ocorreu, passando a ser *OM MANI PEME HUNG*, sendo o mais utilizado pelos monges tibetanos.

Somente os monges podem entoar este Mantra?

Poder-se-ia ter a dúvida sobre quem estaria autorizado ou somente quem poderia entoar o mantra *OM MANI PADME HUM*, considerando-se que há uma forma própria e específica para fazê-lo.

De fato, a experiência religiosa, por intermédio do culto, vai colocar seu operador em condição de exaltação da consciência, para que, de efeito, considerando a força e o poder da entonação mântrica, resulte em determinação a atuação eficaz e plena do mesmo. É o que ocorre frequentemente, quando monges tibetanos ou mesmo chineses fazem em grupo o trabalho do serviço religioso.

Entretanto, todo mantra que veio a este Planeta, trazido pelos Grandes Seres de Luz, quer sejam Avatares ou Mahavatares, não pertence expressamente a determinada raça, credo ou religião, pois, na verdade, trata-se de um legado à Humanidade, ou seja, todo ser senciente pode, por meio do mantra, trabalhar a sua essência e se elevar no contexto evolutivo consciencial e espiritual.

É importante ressaltar que, todo mantra carrega o nome idêntico de quem o formulou, um presente da Deidade para a Humanidade, que dá a seus irmãos a essência de tudo aquilo que Ele atingiu em muitas vidas de esforço e sacro ofício.

Portanto, qualquer pessoa pode entoá-lo. Em situações em que se irradia felicidade ou ao contrário, plena tristeza, ao se entoar o chamado *Mani Mantra* surgirá, repentinamente, espontânea devoção na mente, e o grande caminho se abrirá, favorecendo a realização e a transformação do ambiente.

Podem surgir dúvidas sobre a dificuldade em entoá-lo, mas ele tem uma verbalização suave e tranquila, bem fácil mesmo, embora seja muito poderoso, já que contém a essência do ensinamento.

Certa feita, o Dalai Lama, ao ser perguntado a respeito da entoação do mantra, disse que o propósito de o recitar adequadamente é transformar o corpo impuro de palavras e da mente no oposto, ou seja, corpo puro e louvado, palavra e mente de um verdadeiro Buda. Tão sublime é, que o som de cada sílaba é entendido e visto de forma espiritual paralela. Então, quando fazemos cada um dos sons de cada sílaba, alinhamos a nós mesmos com a qualidade nele contida em particular. E muito importante ainda, é que tal mantra tem a capacidade de nos conceder méritos e destruir todo carma negativo.

De forma objetiva, vemos que os mantras estão investidos de um poder de ação, de forma que, com a repetição do nome de certa divindade são transmitidos, por intermédio deles, as divinas virtudes de sua mente superior.

Aquele que recita determinado mantra pode, enfim, conseguir as qualidades pessoais do Bodhisattva da Compaixão, por exemplo, conhecido na tradição Mahayana, por Avalokiteshvara.

Ao recitarmos o *Mani Mantra*, penetramos na mesma roda metafísica que os Mestres Ascensos e ainda não Ascensos da Grande Fraternidade Branca, que estão constantemente empurrando a Roda da Evolução Espiritual de toda a Humanidade.

O mantra *OM MANI PADME HUM* é fácil de ser pronunciado e poderoso, pois contém a essência de todo o ensinamento budista.

Fazer ou verbalizar o som de cada sílaba, portanto, é alinhar a si mesmo com aquela qualidade de energia espiritual particular se identificando com ela.

Outro Mantra dedicado à Kuan Yin

Existe uma gama imensa de mantras que guardam conexão íntima com ela, os quais abordaremos em outro livro.

Entretanto, para este momento, uma das formas de conexão com este Ser de Luz Kuan Shi Yin, é o mantra que tem a propriedade de chamar, solicitar, convocar a presença amorosa da Senhora da Compaixão e seus Atributos Divinos, a fim de que a radiação de sua magnificente presença possa expandir-se em todas as direções através da pessoa que faz com propósito de auxiliar os seres sencientes, sem apego ou visando ao dinheiro, mas com Amor no coração e vibrando uma luz compassiva ou misericordiosa.

Trata-se do mantra *NAMO KWAN SHI YIN PU'SA* (*Nah-moh Kwahn Shee Yin Poo Sah*) que deve ser entoado de forma sintônica, com a devida frequência e vibração determinada pela pronúncia correta. Temos visto que a entonação precisa tem o poder de "atrair" os olhos da Bem-Amada Mestra, porque reflete a sintonia do próprio pulsar do seu coração, que na projeção da sístole e diástole espiritual, bombeia um sistema de luz que estará como harpa cantando e espargindo mil luzes.

Este mantra não deve ser usado aleatoriamente, considerando que as palavras nele contidas são verdadeiros engramas de luz que trazem a reverberação de uma força determinada a um fim maior, que é o auxílio à humanidade carente (ao qual todos estamos incluímos neste momento evolutivo) e que verte lágrimas de dor e sofrimento.

Portanto, antes de vibrar este mantra, pense bem qual a sua real intenção para fazê-lo. Será que é por ser bonito? Ou será que é por que ele traz uma calma, uma paz muito grande a quem o recita ou canta? Pergunte-se antes de realizá-lo: "O que me leva a cantar ou recitar este mantra? Qual o propósito para isto? O que efetivamente desejo? Por que estou buscando essa Divindade?"

Pense. Se Kuan Yin fosse chamada, se fosse solicitada sua presença e ela surgisse em sua frente, visível, palpável, tangível, o que você faria? O que diria para ela como motivo de seu chamado? Qual seria o foco de sua atenção? O que daria em troca ou que obra abraçaria para realizar a Compaixão?

Os mantras existem para que o ser humano possa utilizar-se deles sim, porém, roga-se que não se faça indiscriminadamente e sem razão. Mantras são sagrados e merecem respeito por quem deles toma conhecimento e visa utilizá-los. Obvio, que numa situação de perigo iminente, não se precisa indagar, pois nossa consciência determinará nossas ações momentâneas, ocasião em que, certamente, chamando-a ela não negará auxílio, seja qual for.

Esta é uma chave preciosa, como o líquido que ela carrega em seu vaso, não podendo e não devendo ser desperdiçado. Honrem-na e ela vos honrará com certeza.

Este mantra pode ser recitado em múltiplos de três, também 33 vezes, ou 108 vezes ou 1000 vezes, ou ainda quantas vezes seu coração sentir necessidade.

O mantra *NAMO KWAN SHI YIN PU'SA* é uma homenagem, uma saudação e ao mesmo tempo um chamado à Divina Presença dela. Pode ser traduzido por "Saudação ao mais compassivo e misericordioso Bodhisattva" ou "Salve Bodhisattva Kuan Shi Yin".

Após cantar ou recitar, diga: "Em Nome da Minha Divina Presença EU SOU, do meu Divino Santo Ser Búdico, dedico os méritos deste mantra cantado[14] para todos os seres. Assim Seja. *Selah*". Pode também nesta fala incluir seu pedido para saúde, sorte, prosperidade e outros... (use suas próprias palavras para fazer o pedido do que deseja).

---

14. Você pode inserir aqui a palavra verbalizada ao invés de cantada, quando apenas falar o mantra.

Exercício prático com o Mantra *Om Mani Padme Hum*

༄ ཨོཾ་མ་ཎི་པདྨེ་ཧཱུྃ།

OM MANI PÄDME HUM

Deve-se haver um preparo preliminar antes de realizar este exercício, devendo proceder da seguinte forma: Pegue uma vareta de incenso, segurando-a com a mão esquerda – pode ser de fragrância de lótus ou lavanda. Coloque os dedos polegar e indicador encostado um ao outro, formando uma espécie de círculo. Onde os dedos se encontrarem, busque visualizar um *OM* na cor branca cristalina. Após fixar sua visão e perceber as nuances do *OM*, você irá sentir uma transformação ocorrendo, ou seja, ele se transforma subitamente em um lindo botão de lótus com o qual você busca traçar as sílabas *OM AH HUM* na ponta do bastão de incenso que estiver segurando, fazendo com que, desta forma, a fumaça expelida por ele se espalhe promovendo a purificação do ambiente.

Segure novamente o bastão, mas com as duas mãos, erguendo-o até a altura da terceira visão, que fica mais ou menos entre as sobrancelhas. Segurando o bastão nessa posição você dirá em voz alta:

> Invoco neste momento, pela força da minha Divina Presença EU SOU, que agora estas nuvens que se elevam, sejam uma oferta amorosa à Joia Tríplice e a todos os Budas, Bodhisattvas, Kuan Shi Yin e Gurus das três direções e dos três tempos. Assim seja, agora e para todo o sempre. *Selah.*

Coloque o incenso em um incensário, fazendo-o com a mão esquerda. Devagar, realize quatro prosternações, ou seja, meia curvatura do corpo, sendo que cada uma delas, tome consciência, será para Vajra, Buda, Dharma e Sangha, nesta ordem e sequência.

Depois deste exercício de preparação, você pode sentar-se em frente a uma imagem ou estátua de Kuan Shi Yin que tiver em seu altar, podendo ficar na posição de lótus ou semilótus (*Sādhana* – favorecerá correspondência entre o reino da forma e do vazio). Se não conseguir, por algum problema, sente-se na posição que mais lhe for favorável ou confortável, a fim de que este pequeno ritual possa ser realizado da forma mais tranquila possível. Todo este trabalho tem um alto grau de visualização criativa.

Assim, perceba agora, pela força do pensamento, que no alto de sua cabeça surge um *OM* nitidamente branco, representando a pureza divina; visualize a região do chacra da garganta, onde se estabelece um *AH* na cor vermelha; agora, próximo ao coração físico, veja um *HUM* azul-elétrico (semelhante à cor azul de El Morya). Essas sílabas, quando atuam nessa progressão emitem raios de cores em todas as direções, fazendo com que, de certa forma, o carma autogerado tanto quanto por outrem nesta vida ou em corporificações pretéritas, seja expelido para fora.

Perceba que, neste momento, você verá o efeito do carma negativo, antiprodutivo e destrutivo da vida ser expelido como um líquido negro que se derrama pelo chão até não restar mais nada.

O que ocorre exatamente neste momento é uma grande transformação, pois seu corpo, fala e mente irão se deslocar, modificar no corpo, fala e mente de Kuan Shi Yin, significando, fantasticamente, a aceitação e a ação de Compaixão ilimitada e infinita tanto quanto a Misericórdia Divina. Tudo que ela é neste sentido.

Agora você deve formar um interessante *mudra*, chamado de "Lótus": coloque as mãos na altura do peito. Em seguida, os dedos mínimos e os polegares devem se unir, enquanto os demais ficam abertos, como uma concha, lembrando a flor de lótus.

Em seguida, faça a mentalização do mantra *OM*.

OM
alto da cabeça

esquerda	MA	direita
ME	garganta	NI
ombro		ombro

HUM
coração

PAD
umbigo

MANI PADME HUM, indo de forma progressiva de uma à outra sílaba, como está demonstrado na figura abaixo (números 01 a 06).

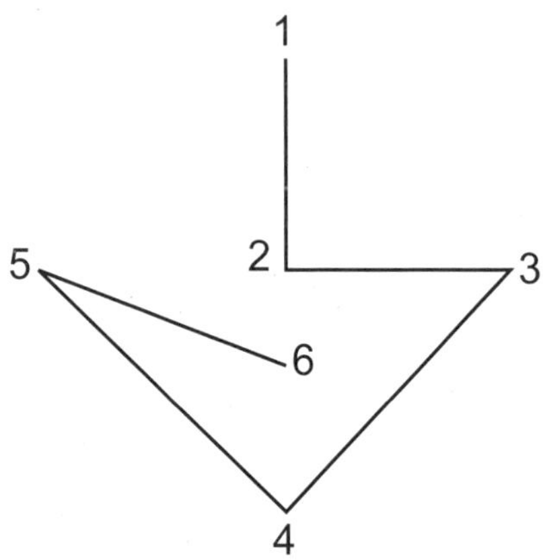

Você poderá fazer esta visualização tantas vezes quanto desejar, o que, de certa forma, irá trazer resultados surpreendentes.

Exercícios meditativos

Ao pararmos para refletir e examinarmos nossa vida, descobriremos, provavelmente, que a maior parte do tempo que temos, tanto quanto nossa energia, são direcionadas para o viver melhor, levando isso dentro do campo material, à busca de conquistas de metas mundanas, incluindo ter um ritmo prazeroso dentro dos sentidos e inclusive a satisfação do ego. Tais situações, de fato, embora nos proporcionem satisfação, é temporária, incapazes no todo de sustentar a felicidade duradoura que certamente almejamos. Essa felicidade cedo ou tarde irá se transformar em insatisfação e novamente estaremos em busca de novos prazeres da Terra.

A felicidade é, a bem da verdade, um estado mental, e como tal, tem a possibilidade de se revelar como a verdadeira fonte, não residente em aspectos exteriores. Uma mente pura e serena, em paz e em quietude traz felicidade. Ao cultivarmos estes estados mentais, podemos erradicar a confusão e a causa do sofrimento, por encontrar a origem e a solução.

Ao meditar na Luz de Kuan Yin, que possa ser revelada e encontrada a faceta reluzente de seu Amor Incondicional, revelado na Compaixão, elevando-se ao encontro da felicidade de que estamos falando.

Não existe uma regra básica e necessária para o desenvolvimento, mas serão apresentadas algumas diretrizes que, observadas ao longo do tempo, demonstrarão ter a capacidade de produzir resultados satisfatórios.

O melhor horário para a meditação, ao contrário do que muitos pensam, é no período da manhã, por duas básicas razões. Fisicamente, de manhã cedo todos os centros nervosos do ser humano estão descansados, o que é naturalmente favorável e propício para a meditação. Além disso, há diferença apenas em termos de tempo. Se tivermos tido uma noite de sono reparador, pela manhã estamos mais descansados e alertas. Podemos verificar isso experencialmente: à noite atingimos determinado ponto em que não conseguimos sequer pensar mais adequadamente, o chamado *estado de vigília* ou *alpha*. Contudo, antes de adormecer e quando acordamos no dia seguinte, percebemos com mais lucidez as coisas que não conseguimos perceber com a mesma clareza na véspera. Isso mostra que o poder mental é muito mais aguçado nas horas diurnas.

Independentemente do exposto, cada um pode realizar sua meditação específica dentro do horário que melhor lhe aprouver ante as condições existenciais desta vida corrida, podendo realizá-la no período adequado, mas sempre com cautelas exigíveis para o melhor desempenho e resultado.

Para meditar, deve-se estar em local previamente preparado, podendo ser aquele em que faz suas orações e preces diárias, contudo, cuidando para não ser perturbado(a) deixando sempre os aparelhos eletrônicos desligados para evitar interferência. Nem todos têm a mesma capacidade de introspecção, tanto que, ao mínimo ruído voltam à realidade mundana.

Meditação de Kuan Yin - I

Usando o poder da imaginação, visualize, independentemente da estação do ano em que esteja inicialmente, que está na primavera. O dia está lindo e ensolarado, portanto, você passa a caminhar, vendo logo adiante um Templo Chinês, com sua arquitetura original e típica. Você se dirige para lá e, ao se aproximar, sente seu coração mais e mais se enchendo de paz, quando se aproxima de um jardim chinês.

Você percebe que, à medida que caminha, adentra ao Templo e ao próprio jardim, ocasião em que uma leve e sutil brisa esparrama pelo ar suave a delicada fragrância de lavandas em flor, trazendo-lhe à mente recordações de que deve sempre ter fé e esperança nas qualidades divinas da Misericórdia, da Compaixão e da Piedade.

Você então passa a caminhar lentamente entre os canteiros ali existentes, percebendo a beleza das flores que ornamentam aquele local e nota, também, que ao longo de sua caminhada há vários santuários oferecidos à Kuan Yin. Você para em frente de cada um e percebe, sente em seu coração, a benção que vem por Ela. Sente que a representação naquelas estátuas, da mais pura e bela porcelana, traduz, na verdade, a própria beleza de Kuan Yin. Vê as oferendas de frutas e flores e percebe que esta oferenda representa o amor que as pessoas dedicam a Ela e que exibem como a mais pura gratidão.

Então, examinando e admirando esta meiga e doce deusa, compreende como é grande este Ser, e que sua arte na verdade vem tocar o mundo de inúmeras e inúmeras maneiras, mas que poucos conseguem compreender.

Neste clima, você vai sentindo mais e mais a presença das flores, violetas, lavandas, lilases, na expressão das cores límpidas e reluzentes do rosa, do violeta, púrpura, lilás. Você se extasia com tanta beleza. É quando percebe a presença de alguém e vê uma jovem chinesa, vestida com uma espécie de túnica esvoaçante, trazendo no pescoço joias de jade perfeito. Nas mãos ela está segurando um tipo de vaso dourado, trazendo entalhados vários desenhos chineses típicos, cujo brilho reflete o mais puro amor e compaixão.

Você fica imaginando quem poderia ser aquele ser e percebe que é a própria Kuan Yin. Você olha para Ela e Ela olha em seus olhos de forma amorosa, terna, carinhosa, aconchegante, como uma mãe olha para seu bebê. Olhando mais atentamente, percebe a si mesmo refletido na chama do coração Dela, tal qual Ela se reflete na sua chama.

Sem saber ao certo o que fazer, porque seu coração irradia alegria e sua alma está feliz, percebe que Kuan Yin pega em sua mão, e você caminha por entre as flores. Enchendo-se de coragem, confiante, bem suavemente, você lhe conta suas questões pessoais tanto quanto suas dúvidas e preocupações.

Ao mesmo tempo em que abre seu coração, sente-se temeroso, pensando se deveria tê-lo feito, porém, está sentindo tanta paz, quando, então, Ela se volta e lhe sorri. Neste momento, Ela ergue o vaso que carrega e derrama sobre sua cabeça a essência ali contida, essência rosa-violeta, da misericórdia divina, que cai como uma cascata de pétalas de flores que o envolve e o acaricia.

Você se delicia com este néctar divino, sim, pois é isso que as pétalas representam, demonstrando a sutileza, fazendo com que sinta que elas o envolvem e acariciam. Agora, exatamente agora, você sente um imenso amor misericordioso e repleto da mais pura paz, quando há dissolução então de todos seus medos e preocupações, enchendo seu coração de soluções divinas.

Neste momento, você imagina seus entes mais queridos e expande estas bençãos até eles, e os vê recebendo esta cascata de luz misericordiosa. Todos que nela se banham estão plenamente curados.

Cheio de satisfação e júbilo, aprofunda-se mais e mais sua meditação, expandindo mais e mais a luz da misericórdia para abranger todo o Planeta. Percebe, então, que Kuan Yin ergue seu vaso de Misericórdia sobre a Terra e a esparge, derrama mais e mais agora Compaixão Divina, amorosa sobre toda a vida senciente. Pouco a pouco esta essência vai envolvendo, cobrindo toda a esfera planetária, tornando o Planeta uma verdadeira esfera violeta envolta na repleta luz de paz e suavidade.

Você se sente mais e mais feliz. Conseguiu seu intento, indo mais e mais além, auxiliando a todos os seres humanos, auxiliando o Planeta Terra e auxiliando Kuan Yin em seu trabalho ininterrupto. A Terra está agora intensamente vivificada pela vinda da primavera e da ressurreição em luz, estabelecendo-se a paz.

Agora seu ser está tranquilo, relaxado e pode retornar pouco a pouco. Quando abre os olhos, gentilmente, um leve sorriso se faz em seu rosto. Você agradece a Kuan Yin pela oportunidade, levando ambas as mãos ao coração, esperando encontrá-la outras vezes.

Meditação de Kuan Yin - II

Visualize-se em um local de repouso. Aquele local lá no interior de seu ser. Um local calmo e tranquilo, onde só existem coisas que deseja e das quais mais gosta. Pode ser um recanto na floresta, próximo a um lago. Pode ser aquele local onde costuma buscar refúgio quando precisa. Imagine-se chegando lá. Você pode não estar bem, trazendo questões difíceis e que têm trazido aborrecimento de alguma forma. Qualquer questão, sentimental, profissional, social, não importa. É ali que repõe suas energias e se reanima para seguir adiante. Mas nesse momento tem questões que não conseguiu resolver.

Ao se aproximar do local escolhido, você vê, pouco a pouco, tomar forma aquele espaço sagrado e, ao chegar mais e mais próximo, ocorre um natural envolvimento pelo ambiente. Você começa a acalmar a mente e os sentimentos. Chega próximo ao lago e lá se senta na grama, próximo a um jardim, cujas flores exalam perfume e frescor inebriante. Você respira gentilmente, após fechar os olhos. Então, imagina a flor de lótus, que vê naquele lago emergir onde a água possui uma espécie de lodo, natural do barro existente próximo à margem. Você percebe que, aos poucos, a flor vai se mostrando, primeiro em botão, e depois vê que um brilho inconfundível vai aparecendo à medida que as pétalas começam a se abrir, emergindo para se mostrar resplandecente, brilhando para a existência.

À medida que ela começa a surgir, você decodifica, ao mesmo tempo, as questões que trouxe consigo, colocando-as sob o brilho diamantino que vem do lótus, e pouco a pouco vai percebendo que a solução vem, a luz aborda o problema e, irradiando-se, tira da escuridão para trazê-lo à claridade.

E então entende que não há questões a serem resolvidas, pois estas são humanas e criadas, portanto, pelo ser humano. Dissipa-se, portanto, a dor, o senso de estar perdido, sem direção. O caminho se torna reto, pois o Brilho, a Luz a tudo ilumina e dissipa as trevas humanas.

Você percebe e entende que a Luz da Compaixão que emerge da flor é a mesma Luz que deve emergir e emerge do coração humano, do seu próprio coração. Vem à tona, trespassa toda a dúvida e medo e reflete para você, para o mundo e para todos os seres sencientes.

Agora você está em profunda paz. Compreendeu que tudo se determina pelo nosso espírito. Está pronto para voltar, regressar aos poucos para o estado consciencial humano, apesar de querer permanecer mais um pouco onde está, mas a paz interior permite que retorne. E entendendo todo este processo, sabe que deve deixar o lótus interior florescer, purificando os sentimentos, pensamentos e palavras desqualificados (representativas do lodo) e, desta forma, irradiar em todas as áreas da vida, para que, assim, sempre haja motivação, fazendo com que se sinta bem consigo mesmo, com a vida e com os seres humanos, sem distinção de credo, raça, cor.

Desse modo, ao aceitar a diferença que existe na natureza humana, pode exercitar a tolerância para que o mundo seja cada vez melhor. Passa-se à efetiva contribuição do verdadeiro doar, o lapidar do lótus da própria Humanidade como um todo, por intermédio de pequenas atitudes diárias, tal qual um sorriso, um cumprimento desejando um bom dia.

Ao se trabalhar a gratidão a tudo e a todos, passa-se a sentir o Amor Divino em ação, que vence todas as barreiras, alimentando-nos a vida e a alma. Com esta visão e certeza, segue-se adiante, irradiando no rosto a expressão da própria compaixão.

Meditação e visualização criativa para expandir a luz do seu coração

Todo ser humano tem uma centelha de luz imperecível que habita dentro de seu ser, centelha essa que é uma fagulha, uma chispa do Eterno Senhor Pai Criador, que vem navegando por éons de tempo em vários planos existenciais e agora neste orbe planetário, escola da qual a graduação leva à elevação consciencial, conhecida por muitos por ascensão espiritual.

Nesta jornada, percebemos que há diversidade de seres e de raças, cada qual com sua peculiaridade advinda do processo reencarnatório, o que, de certo, é o que distingue os seres humanos e que os faz tão maravilhosos tais quais Filhos de Deus em evolução.

Para que se possa buscar a progressão infinita, dentro dos parâmetros necessários para chegar ao ápice da montanha no final da jornada, há recursos e ensinamentos transmitidos que devem fazer parte do conhecimento humano, a fim de possibilitar que o homem possa avançar na senda espiritual e, assim o fazendo, torne-se cada vez melhor e um espelho que reflita a divindade ou uma luz que ilumine o mundo.

Com estas informações básicas, apresentamos um exercício meditativo que utilizará também a visualização criativa objetivando o dimensionamento expansivo da chama imortal, habitáculo da divindade com sua progressiva expansão e que deve ser feito somente em espaço dedicado para tal. Não se recomenda que se faça em qualquer local ou momento do dia, porquanto, se você estiver em local diverso do que costuma orar, como, por exemplo, ao ar livre em meio às pessoas transitando, poderá sofrer influência direta das energias locais e sofrer agressões. Para isso há que se revestir de certa experiência nesse sentido.

Você precisará de alguns elementos para dar início ao processo, como segue:

1. Um altar pessoal.
2. Uma imagem de Kuan Yin ou foto.
3. Um castiçal ou quatro porta-velas.
4. Uma vela violeta.
5. Quatro velas: uma branca, uma azul, uma amarela e uma rosa.
6. Uma pedra de ametista e um quartzo-rosa.
7. Música chinesa tocada ou mantra de Kuan Yin.

Reserve um tempo que será só seu, para se dedicar à meditação. Procure não ser incomodado.

Agora, com reverência, você irá providenciar a montagem de seu altar, com todo respeito, colocando o castiçal ao centro ou quatro porta-velas, onde você inserirá a vela rosa à esquerda, a amarela ao meio, a azul à direita e a branca em frente da amarela. A vela violeta virá à frente. A pedra ametista e o quartzo-rosa, um à direita e outro à esquerda do altar. Você poderá acender um incenso suave de lavanda ou olíbano, após acender as velas começando da esquerda para a direita. Ligue a música em volume baixo. Faça uma oração pedindo a presença da hierarquia da Compaixão e da Bem-Amada Kuan Yin. Comece a meditação como segue, não esquecendo ao final de apagar as velas.

Sente-se em um local confortável, mantendo a coluna ereta. Coloque as mãos sobre os joelhos. Desligue o celular e o telefone (ou oriente alguém para atendê-lo e pedir para ligarem depois). Desligue-se do mundo periférico/adjacente/circundante.

Começando o exercício

Comece fazendo um relaxamento, podendo ser este:

Faça quatro respirações bem tranquilas. Inspire gentilmente contando até quatro. Quando contar um, visualize a cor branca. No dois, visualize a cor azul. No três, o amarelo. No quatro, o rosa. Sustente por quatro segundos. A cada segundo veja a cor na sequência, aumentando. Solte gentilmente por quatro expirações. Da mesma forma, veja que as cores se entrelaçam, à medida que saem.

Torne a fazer este exercício respiratório na forma apresentada, por mais três vezes. Ao final das quatro respirações estará bem mais leve.

A seguir, visualize o seu coração pulsando, suavemente. Sinta a vida, a sua vida. Sinta felicidade. Neste momento, concentre-se totalmente no coração. Visualize que você está encolhendo e adentrando à medida que diminui de tamanho para estar lá dentro. E você está lá, pois este é teu corpo, que lhe foi dado para existir e seu desejo é estar lá neste momento.

Agora você percebe uma câmara, onde está ardendo no altar sagrado a Chama Trina, a sua centelha de existência divina. Você vê que ela está ainda inacessível lá no alto, mas percebe que há uma escada de luz que conduz até ela. É seu desejo estar lá, para tanto, dirige-se ao pé da escada. Você quer subir, mas não sabe como. Até que percebe que não é seu corpo físico que ali está é seu ser em alma vivente. então coloca o pé direito no primeiro degrau e em seguida o pé esquerdo. Agora está no primeiro degrau. E, assim, passo a passo, degrau a degrau vai subindo e afirmando mentalmente: "Eu Sou a pura Luz Divina". Aí você percebe que subiu oito degraus. Esta é a oitava de Luz. E então vê o próximo degrau, que, na verdade, é a dimensão espiritual onde está o altar e a Chama Trina. Você vê; você admira, mas não pode chegar até lá. Então, sente que aquela chama inapagável começa a pulsar, pulsar e, subitamente, vê o seu ser envolto em uma luz branca que, na verdade, é a base da Chama Trina, e percebe que é uma flor com oito pétalas e que está no centro dela, envolto por esta luz esplendorosa.

Você sente que seu coração físico está pulsando e sendo preenchido também por esta luz branca, que vai se expandindo. E então pode perceber e ver que a Chama Tríplice agora está ardendo também dentro da base da flor, e sente-se totalmente envolvido. Neste exato momento, você sente toda a força pungente do Poder Divino, a Chama Azul brilhante, a Sabedoria Divina, Superior e o Amor Divino, que lhe envolvem e lhe preenchem. Expandem, Expandem, Expandem e, expandindo, aumentam a uma estrutura de três metros para mais, como um ovoide de Luz. As Chamas estão perfeitamente equilibradas. Sinta neste momento o imenso Amor do Pai Criador. Sinta.

Vivencie toda esta maravilha da Criação que lhe é proporcionada e perceba que todas as preocupações se dissiparam. Não há qualquer dor ou sentimento desqualificado. Você está se sentindo radiante e totalmente feliz. Se desejar, direcione esta sublime energia quádrupla para qualquer situação que deseja, acabando com toda espécie de conflito, problemas, questões mal resolvidas ou para pessoas que necessitem de conforto, paz, esperança, amor, perdão.

Quando terminar, agradeça mentalmente a Deus Pai por esta oportunidade, bem como à Mãe Maria e à Kuan Yin. Reverencie-os juntando as mãos na altura do coração, pedindo permissão para estar lá sempre que precisar.

Neste momento, perceba que pode descer a escada e voltar devagar. Você o faz, e aos poucos retorna e sente que está no ambiente inicial. Vai respirando, aos poucos, totalmente em paz. Gentilmente, você abre os olhos, vagarosamente, esboçando um grato sorriso no rosto. Continue se movimentando, aos poucos e lentamente, voltando, voltando.

Meditação do lótus branco para conferir poder à Bodhisattva

Na Índia, o lótus branco é reverenciado como um símbolo de pureza espiritual. Ele também simboliza a alma que se eleva dos pântanos de Samsara, para abrir as suas pétalas de iluminação.

Ao começar esta meditação, sente-se confortavelmente e preste atenção à sua respiração. Concentre-se nas doze pétalas do chakra cardíaco e sinta o ritmo do coração.

Medite no amor do nosso Deus Pai-Mãe. Ao inspirar, pense o seguinte: "Eu e o meu Pai somos um só". Quando expirar, pense: "Eu e a minha Mãe somos um só".

Visualize um botão de flor de lótus desabrochando no fundo do seu coração. Veja as pétalas do lótus abrindo-se suave, amorosa e pacificamente, pétalas que mais parecem feixes de luz branca.

À medida que visualiza o lótus de chama branca ao redor do seu coração, ele vai consumindo os obstáculos que o impedem de tornar no coração, na cabeça e na mão de Deus, a Pureza Divina. Pense no que Jesus quis dizer quando afirmou: "Abençoados os puros de coração, pois eles verão a Deus".

Ao sentir a pureza curativa do lótus, você percebe que também existe um lótus da mente e um lótus da mão.

Agora, concentre-se no lótus brilhante da mente. A sua luz dissipa os pensamentos negativos e qualquer sentimento de limitação e falta de merecimento. Sua alma regozija-se com a purificação da mente.

A seguir, coloque as mãos sobre os joelhos com as palmas para cima e visualize um lindo lótus branco saindo de cada palma da mão. Cada vez que você estender as mãos para ajudar os outros, veja o lótus branco flamejante pulsando em suas mãos. E saiba que consagrou as suas mãos a Deus para servir toda a vida senciente.

Volte para as doze pétalas do lótus do coração. Visualize um fio branco saindo do coração e ligando-se à mente. Depois, veja o fio branco da mente estendendo-se até os lótus brancos das mãos.

Aceite esta bênção, esta infusão da chama da pureza e partilhe-a com toda a vida. Esta é uma concessão de poder do seu Eu Superior passando pelos seus chakras. É o seu poder para curar, para ressuscitar e para aperfeiçoar através das mãos. Aceite do coração da Bem Amada Kuan Shi Yin a bênção que segue:

Bênção sagrada na força de luz do coração de Kuan Yin

Que as Sagradas Luzes das Bênçãos Superiores vos abençoe na Imorredoura da Compaixão Divina, e paire sobre vós e seus entes queridos e amados e em vossos lares, a paz que ultrapassa todo entendimento humano, tanto quanto possa o Eterno Criador dar vitalidade, saúde e bem-estar a cada ser senciente que habite em vossas casas.

Vibro em minha Consciência Luz para que o Amor Divino possa estar em vossos corações como está no meu. E que a Graça Eterna vos cubra em vossos atos de louvor e adoração.

Seja a plenitude uma constante em vossas vidas e que se estabeleça a vitória de vosso Plano Divino, selando, assim, vossa efêmera passagem pelo Planeta Terra.

Invocações e Apelos

Invocação à Bem-Amada Kuan Yin

Em nome da Poderosa, Misericordiosa Presença Divina EU SOU, fonte imortal autogerada da expressão de minha existência, e através da força magnética do Fogo Sagrado que habita em meu coração e de todos os corações dos defensores e guardiães da Luz, irradiamos nossos sinceros sentimentos de gratidão à Divina Senhora da Compaixão e da Misericórdia, Amada Kuan Shi Yin, que ouve os clamores do mundo e intercede pela salvação de todos seres sencientes, pelo esplêndido e magnífico serviço que executa incansavelmente a serviço da vida e de tudo quanto não respeita a ordem divina, com o objetivo de transmutar e transformar tais substâncias desqualificadas para a condição da pureza divina.

Inclinamos nossas cabeças em reverência humilde a Vós, Ó Amada, reconhecendo vosso ato de consagração de servir à humanidade, sem ascender ao Nirvana, até que todos sejam salvos da dor e do sofrimento.

E que possa, Senhora Divina, vossa irradiação da Misericórdia Divina alcançar todos os cantos do mundo, todos os lares, orfanatos, asilos, hospitais, presídios, envolvendo a tudo e a todos na magnificência radiância da Chama Lilás e Lavanda, trazendo o bálsamo curativo para as almas.

Como intercessora, defensora nossa perante o Conselho do Carma, transformai, por meio da irradiação da Luz de Vosso Coração Santo e Sagrado, toda injustiça que em nossa ignorância, como crianças, tenhamos praticado contra qualquer ser vivente, qualquer partícula de vida, incluindo os Seres Espirituais, como Anjos e Seres elementais da natureza e o Elemental de nosso corpo.

Que a linha do tempo retroceda e apague todo registro cármico, para que possamos nos unificar com nosso Santo Ser Crístico e nossa Divina Presença EU SOU, aqui e agora.

Não pedimos somente para nós, mas também para nossos familiares e entes queridos, para que despertem do sono que dormem e transformai pela Chama da Misericórdia toda discrepância, todo erro, falha ou dano consciente ou inconsciente que possam ter provocado.

Permite-nos sentir a atuação desta magnífica experiência sagrada, resplandecendo a alegria em nós.

Bem-Amada Senhora Kuan Shi Yin, vimos ainda à vossa presença rogar que permitais que possamos acender em cada coração humano a chama da Compaixão e da Misericórdia Divinas, a fim de que, despertando para essa nova realidade, possam espargir estas qualidades superiores por todo o Planeta e em suas próprias vidas.

Reverentemente vos agradecemos, e no silêncio de nossa mente e coração, permanecemos na aura de Vossa Infinita Luz.

Afirmação de Fé

EU SOU EU SOU EU SOU envolvido pela Luz Superior (repetir três vezes) e a emano para toda vida senciente, hoje, neste instante e por toda a Eternidade.

EU SOU EU SOU EU SOU envolvido pelo Amor Infinito (repetir três vezes) e o emano para toda vida senciente, hoje, neste instante e por toda a Eternidade.

EU SOU EU SOU EU SOU envolvido pela Compaixão Divina (repetir três vezes) e a emano para toda vida senciente, hoje, neste instante e por toda a Eternidade.

EU SOU EU SOU EU SOU envolvido pela Misericórdia Divina (repetir três vezes) e a emano para toda vida senciente, hoje, neste instante e por toda a Eternidade.

EU SOU EU SOU EU SOU envolvido pela Piedade Divina (repetir três vezes) e a emano para toda vida senciente, hoje, neste instante e por toda a Eternidade.

EU SOU EU SOU EU SOU envolvido pela Abundância divina (repetir três vezes) e a emano para toda vida senciente, hoje, neste instante e por toda a Eternidade.

E em nome da Luz Imorredoura que habita em meu ser, Selo, Selo, Selo, Selo nas quatro direções. Assim foi, é e sempre será.

Pleito e Apelo à Kuan Yin

Vimos perante vós, no altar de nossas consciências e corações, amada Senhora da Compaixão, para agradecer neste momento a graça de nossa existência terrena e nossa proteção, assim como todas as dádivas e benefícios que recebemos pelas irradiações da Luz maravilhosa de Vosso Divino Coração, bem como pela oportunidade de aprendermos que os sofrimentos e dores que vivemos neste mundo nos têm servido de grande experiência neste caminho espiritual de aperfeiçoamento.

Rogamos, Divina Senhora, que vos digneis a nos auxiliar sempre com o fim de não permitir que descansemos antes de cumprir as milhas que temos que caminhar e não estacionemos em nossos propósitos de desenvolvimento espiritual e libertação das amarras do Samsara. Honrada Senhora Kuan Yin, pedimos com humildade em nossos corações, que nos sejam concedidas forças e determinação para perseverarmos neste objetivo de terminar o incansável giro do tempo cármico. Apelamos assim a vós, ainda, que intercedais como nossa defensora aos demais Grandes Senhores do Carma, para que nos concedam a oportunidade de aprender mais e mais a expandir a luz de nosso corpo causal, a fim de cumprirmos a missão que prometemos realizar antes de nascermos. Desde já, colocamo-nos ao Vosso dispor para as tarefas e missões que formos dignos de que sejam a nós confiadas.

Assim seja.

11

Preparação espiritual para maternidade e paternidade

Ritual de concepção da criança de luz divina

> Todo ser humano, em algum momento de sua vida, aprende as lições que você vai aprender agora; alguns levam uma vida inteira, outros, por outro lado, parece que nunca as esquecerão. Seu caminho é o caminho de todos, sua meta é a meta que todos desejamos e buscamos, o céu estará ao seu alcance e tudo que você precisa pode ser encontrado dentro de si mesmo.
>
> Kuan Yin

Acreditamos que a inocência e a ingenuidade do sorriso infantil nunca devem sair dos lábios de todas as pessoas; no entanto, este processo de maturação, na realidade, torna-se um processo degenerativo, no qual os valores naturais, que são a expressão correta do espírito que habita em cada ser, vão sendo restringidos, até adquirirem uma personalidade alheia às necessidades reais; um personagem que não tem outro objetivo senão sobreviver em uma sociedade agressiva e que, no entanto, preenche aquele ser de conflitos, tanto que se vê impedido de se manifestar em sua expressão natural.

Desta forma, estes ensinamentos serão dedicados aos pais, maridos e esposas, podendo servir de disciplina, na qual a idade não importa, pois todos falam realmente a mesma língua: a linguagem dos sonhos, da magia e da imaginação. Portanto, entorpece a tua consciência e deixa aquele espírito, eterno filho, que habita em cada um de nós, voar em completa liberdade.

Esse é o começo do caminho.

Quando nascemos, tudo o que precisamos aprender é carregado dentro de nós; a vida, a natureza, o sol, as estrelas, outros seres humanos, nada mais são do que livros, de onde você pode se lembrar de suas lições interiores. Vivemos em uma grande escola, a escola de Deus, e cabe a você se lembrar de princípios fundamentais para que possa entender o que Deus queria nos dizer quando nos colocou nesta sua criação.

Deixe-nos explicar uma coisa para vocês: para lembrar cada um deles, você terá que visitar diferentes regiões do Universo, terá que visitar planetas diferentes, terá que conversar com pessoas diferentes e, às vezes, com outras criaturas e seres viventes. Temos o potencial de criar e podemos utilizar as ferramentas que a Divina Hierarquia coloca em nossas mãos. Que o sonho, o desejo, possa se tornar realidade.

Então, para a concretização real da substância espiritual que vem acompanhada de benção sublime por Kuan Yin, vamos apresentar a partir de agora todo o processo que pode ser realizado pelo casal que deseja conceber uma criança mediante os ensinamentos de Luz que a Grande Fraternidade nos apresenta.

Cremos, que todo ser humano tem em seu coração sentimentos de Amor Incondicional e o coloca a serviço de todo o plano evolutivo, razão pela qual pode a todo momento clamar aos céus pela intervenção no sentido de receber as benesses a que faz jus, uma das quais, sem sombra de dúvida, é a concepção, o trazer à vida uma alma, possibilitando não só seu processo de evolução, mas também alegria para os lares dos pais.

Iniciemos, então, a partir de agora, a transmissão dos ensinamentos e práticas para chegarmos ao objetivo final. Sigamos.

Em algum momento desta caminhada no plano Terra, vamos permitir, por alguns momentos, deixar fluir nossos pensamentos e imaginar quantas pessoas que hoje em dia são pais fizeram um instante de reflexão para meditar acerca do ato e do processo concepcional, respeitando padrões superiores. Acreditamos que são raras exceções, eis que a maioria dos casais tem filho ou filhos por um simples desejo de complementação ao lar, oriundo, muitas vezes, da situação momentânea do acaso, que culmina, em situações peculiares e determinadas pelas circunstâncias a uma rejeição inicial que, ao passar do tempo, acarreta consequência danosas a todos os envolvidos.

Por este motivo, devemos desde já e de início, prostarmo-nos perante o altar de nossas consciências e refletir, buscando realmente encontrar o motivo ou os motivos que nos querem levar a conceber, quando este ato é permitido pelas leis superiores.

E assim o é exatamente, porque há realmente uma alma nos céus esperando pela oportunidade do nascimento. Ao lado de guias amorosos e sábios, ela realiza uma revisão de sua vida. Sempre com auxílio, traçam um determinado plano específico, baseado em suas principais necessidades.

Desta forma, passa, assim, a conhecer os futuros pais e será obviamente auxiliada por seus instrutores (mentores) no cumprimento de seu plano divino. Sobretudo e acima de tudo, tem pleno conhecimento de que os resultados de sua missão afetarão centenas de almas, quem sabe até mesmo de milhares delas no mundo inteiro.

Por outro lado, sabe que os desafios que irá encontrar não serão fáceis, pelo contrário, são muito difíceis, entendendo que assim o é, decorrendo nada mais nada menos pelos seus próprios erros que voltam para serem redimidos. As orientações que recebeu de seus guias espirituais a auxiliarão a transpor os obstáculos e, consequentemente, vencê-los.

Ocorre, portanto, um pleno conhecimento, que uma vez encarnada, suas lembranças mais remotas e mesmo essa missão predeterminada serão apagadas, tendo apenas uma tênue e pálida recordação do porquê veio.

Tem-se consciência, também, que poderá se desviar do seu plano divino, principalmente na fase da adolescência. Sabe-se que nunca será abandonada por seus guias, anjos da guarda, que estão prontos a guiá-la e protegê-la

Ante de partir para o retorno, olha para o plano em que está e tenta recordar-se como é ter um corpo físico, qual a sensação de ser um bebê indefeso. Vagamente lhe vem a memória, como o corpo físico é lento e pesado, preso ao magnetismo terrestre se comparado ao corpo de luz.

E então, essa alma passa a pensar em seus futuros pais e são lhe reveladas as experiências passadas com essas pessoas em vidas anteriores. Vê que teve um relacionamento harmonioso com a alma de seu pai, porém, com referência àquela que será sua mãe, que em outra vida, já fora sua filha. Vê cenas dolorosas e as recorda. Seu remorso é profundo pelo tratamento que lhe deu, pelo que terá de se apegar ao seu coração e perdoar, perdoar.

Mas onde se encontrar? É aí que a alma passa a ver quando os seus futuros pais se conhecerão e vão se interessar um pelo outro, quando se apaixonam e se casam, estabelecendo um lar e desejando ter filhos. Vê como se alegram quando a gravidez é confirmada e eles começam a fazer os preparativos para a sua chegada. Com o desenvolvimento no ventre, percebe a alegria que cresce, a compra do enxoval de bebê e toda expectativa do casal, o que sente no fundo de seu ser.

Aí seu coração passa a se encher de uma tremenda ansiedade de viver novamente na Terra, estar mais uma vez com a alma de seus pais, da irmã, uma antiga amiga sua e do irmão que virá depois. Só mais além será uma família.

Sabe dos pontos fortes e fracos, assim como as dívidas que terá de saldar.

A quanto tempo vem esperando esta chance. Não pode desperdiçá-la agora que está prestes a nascer. Agradece a Deus pela nova oportunidade de corrigir erros passados. Aproxima-se o momento em que cruzará o portal do nascimento. Sim, o portal do nascimento que, embora seja assustador, já o fizera antes. É rápido e respirará pela primeira vez e receberá o afago inicial da mãe.

Ela vai se aproximando dos pais e nem pode esperar a hora, o momento exato de lhes dar o primeiro sorriso e oferecer-lhes todo o amor de seu coração. Como necessita de ambos! E então, a hora chega. O relógio vai avançando inexoravelmente. Até a hora exata.

Enquanto o relógio avança, vamos ao mecanismo que envolve a concepção, buscando apresentar todo este processo necessário que envolve leis espirituais.

Para nos aprofundarmos um pouco mais, dentro do que for necessário, vamos mostrar que quaisquer que sejam as crenças, podendo ser de origem bíblica, talmúdica, tibetana, chinesa ou outra qualquer, vão sempre apresentar Verdades incontestáveis, já que, por decorrência disto, jamais irão confrontar-se em seus conceitos, os quais, por certo, ajustam-se quando não se complementam. Falamos do Ecletismo sem censuras. Por isso, quando necessário, citaremos as fontes para entendimento desse sincronismo cósmico espiritual, respeitando sempre a opinião de cada um.

Este processo a ser descrito tem referendo das Mães Divinas, especialmente da Senhora da Compaixão, Kuan Yin, tanto quanto da Mãe Maria, e veremos por que e como elas atuam.

Decretos, afirmações, invocações, mantras, apresentados ao final deste capítulo terão a descrição de suas origens e referências das fontes, quando necessário e na bibliografia.

O complexo mecanismo da concepção. Carma e reencarnação

A alma carrega consigo todas as lembranças do passado de vida para vida, os seus próprios registros cármicos. Podemos dizer que carma é igual, basicamente falando, a ação ou ato. Falemos que a Lei do Carma é a Lei de Causa e Efeito e mais retribuição (Gálatas 6:7).

O Mestre maior que proferiu o Sermão da Montanha expressou referências às consequências dos pensamentos, sentimentos, palavras e ações, fazendo um resumo preciso da Lei do Carma (Mateus 7:2-12). Podemos dizer que, o processo cármico não só envolve suas ações, mas também os padrões positivos e negativos de pensamentos e sentimentos.

A compilação destas informações tem importância, porque o conceito de reencarnação nos auxilia a compreender mais facilmente os bebês e o que eles são, com frequência e às vezes até mais desenvolvidos que os próprios pais. Portanto, comunicar-se com as almas das crianças antes e durante a gravidez é uma das experiências mais gratificantes que os pais podem ter.

Quanto menor for a dívida cármica, menos a probabilidade de uma família ter uma criança com carma negativo. O padrão negativo pode impedir que a alma faça escolhas corretas, pela simples razão de estar habituada a pensar, agir ou sentir de uma determinada forma, sem mudanças. Em resumo, esses hábitos podem impedi-la de cumprir sua missão.

Carma e reencarnação são iguais a oportunidade ou oportunidades de aprender com os erros, resgatar dívidas com outras almas afins ou não (especialmente da família) e buscar a união final com Deus.

A Terra, como muitos sabem, é uma sala de aula, e como tal, cada um de nós possuímos lições a aprender – como amar, perdoar e nos relacionar bem com todas as pessoas. Se não nos graduarmos numa vida, a reencarnação nos oferece outra chance.

O processo de adoção. Um acaso da vida?

Esta é uma questão muito delicada, interessante e necessária de ser abordada, pois se relacionada com tudo o que estamos dizendo até aqui. Esta situação, que nem sempre tem entendimento dos pais, tem o fato de que o processo de adoção não é obra do acaso ou uma ação benévola como gesto de pura caridade e mero favor. Os vínculos cármicos que existem entre os pais adotivos e os filhos adotados são intrigantes.

Percebam que, as vezes, o carma de um ou de ambos pais biológicos requer que eles tragam ao mundo determinada criança, para que ela possa chegar até seus pais verdadeiros, os quais, talvez não possam conceber. Mesmo que o nascimento da criança não seja uma necessidade cármica, os pais biológicos prestam um serviço que possibilita àquela determinada alma cumprir sua missão. Há um anjo, o qual é chamado de *Anjo da Adoção*, que auxilia crianças a encontrarem seus pais adotivos.

As dívidas cármicas com a alma da criança podem ser saldadas por meio de cuidados amorosos que lhe são dispensados e também por meio de orações sinceras. Ao final deste capítulo, encontrar-se-ão invocações específicas para auxiliar os familiares a resgatar o carma com a alma da criança antes do nascimento, durante a gravidez e ao longo de toda a vida.

Para que Deus envie uma alma com virtudes e talentos específicos

Podemos recorrer ao texto sagrado que conhecemos como Bíblia, onde encontraremos inúmeros exemplos de devotos que tiveram filhos e se prepararam durante muitos anos para receberem suas crianças – jejuando, orando e implorando a Deus –amando-o, mantendo um relacionamento amoroso (exemplos com os pais de Isaac, Samuel, de Maria e de João Batista).

Na cultura chinesa, há uma tradição dos adeptos fervorosos de Kuan Yin, que rogam a ela, como madrinha espiritual das almas que irão nascer, já que avaliada está junto ao Conselho do Carma e por ela amadrinhada. Ainda mais diretamente, rogam à sua manifestação própria para isso (leia o *Oráculo Pérolas Kuan Yin*, Editora Alfabeto).

Toda e qualquer pessoa pode dar à luz almas bastante evoluídas como os Mestres da Sabedoria nos ensinam. Dedicar à vida e consagrá-la à preparação espiritual para conceber e dar à luz uma criança, transforma o coração num verdadeiro magneto. Este ato de amor e devoção poderá determinar o tipo de alma que será atraída para cada família.

Assim, tendo o casal contemplado a ideia de ter o primeiro filho ou filha e aumentar a família, é possível orar ao Criador e pedir que envie uma alma com as qualidades espirituais específicas.

É possível rogar por uma alma forte e honrada que se torne um grande líder ou professor ou pedir uma criança com dons especiais de arte, ciência, música, esportes, etc. As virtudes podem ser colocadas tais como: bondade, benevolência, coragem, altruísmo, sabedoria ou mesmo outro pedido que desejar.

Seja qual for o seu desejo, o primeiro passo é pedir. Puxa, mas é tão simples. Bem. Não diríamos isso.

Ao pedir ao Criador uma alma com talentos excepcionais, faz-se necessário especificar o tipo de compromisso que se pretende assumir em benefício da criança, por exemplo, fazendo orações diárias, procurando a melhor educação possível, mantendo um lar harmonioso, e assim por diante. Assumido o compromisso, deve ser assegurado que será cumprido.

Existe um bom momento para se fazer um pedido ao Criador, por exemplo, no ritual do fim de ano, a Carta para o Conselho do Carma, quando se escreve os compromissos e pedidos e se queima a carta acompanhada de preces e orações, bem como pedindo aos anjos da correspondência que a entreguem ao destinatário. No caso de Kuan Yin, pedimos que interceda perante o Grande Tribunal para abrir a possibilidade da gravidez e da vinda da criança a este mundo.

A importância do pedido e da preparação espiritual dos pais

Podemos imaginar se o casal, por um processo cármico antigo, deva ser obrigado a conceber e a dar à luz uma alma a quem prejudicou, negligenciou ou até assassinou numa vida anterior, muitas vezes vindo com problemas genéticos.

A dedicação a práticas espirituais e o compromisso com uma causa maior podem possibilitar que aquele carma com a alma da criança seja resgatado. Assim, pela Graça Divina, a família pode ser liberada de ter aquela criança e, em vez disso, receber outra alma com quem possua menor carma.

Porém, o que de mais importante interessa é que a recompensa do outro lado do arco-íris é imensa. Independentemente de qual criança for concebida, ela deve ser amada e protegida, como se fosse a criança mais preciosa deste Planeta. Importante é aceitá-la como ela é e ter plena ciência de que a imensa Sabedoria Divina sempre confiará a criança certa para a família certa.

No entanto, devemos louvar ao Deus Criador seja qual o nome que se dê a Ele, e agradecer a oportunidade única de poder ajudar uma criança a cumprir sua missão na vida, independentemente de qual seja ou por quanto tempo.

Preparativos para receber a criança Cura da alma dos pais

Quando a alma retorna para um novo processo reencarnatório, necessita encontrar um ambiente adequado para que possa desenvolver-se e cumprir, assim, sua missão, uma vez que, ao vir, traz consigo um potencial sem limites para tal fim.

Falamos sobre isso porque é importantíssimo o tipo de vida que os futuros pais levam antes da concepção, mesmo quando preparam o ambiente para sua vinda. Olha que isso é tão relevante quanto o quarto do bebê, por exemplo. É imprescindível estar com a enegia necessária de recebimento (acolhimento) do novo ser.

A fase que antecipa a preparação para ter filhos, e mesmo durante ela, é um período de crescimento espiritual e de autorreflexão. Já pensaram nisto? Não é gratificante?

Aproveitando, então, esse momento, os pais podem adotar uma dieta melhor balanceada, porque se trata, na realidade, de uma fase também de mudanças. É um momento de buscar desenvolver mais a Compaixão em relação a outrem ou buscar superar maus hábitos.

Mas o que significa paternidade então?

Significa o mais elevado de todos os amores – o de dar a vida pelos filhos. Assim, esse amor mais elevado, pode ser dirigido até mesmo para as suas próprias almas.

E ao se referir à alma, deve-se ter em mente que, esta, é aquela esfera cintilante e transparente que a éons de tempo vem se desenvolvendo e se aprimorando. Ela já viveu em tempo passado e viverá no futuro infinito. Embora tenha o caráter de mortalidade, pode se revestir de imortalidade quando se unir ao EU SUPERIOR ao EU DIVINO (que já possui, de forma inerente, todas as qualidades divinas).

Deve-se ter uma cautela extrema com a alma, porque, sendo ela altamente sensível e intuitiva, é ao mesmo tempo inocente, vulnerável e suscetível, podendo ser facilmente desviada do caminho. A alma pode ser atacada e ferida no meio circundante, adjacente e periférico que a rodeia, especialmente por toxinas mentais e emocionais, incluindo o abuso físico ou verbal.

Porém, podemos cuidar dessa nossa criança interior de forma tão amorosa quanto cuidaríamos de uma criança ou, por escolha, negligenciamos e nos tornamos vítimas de nossa própria negligência.

Paramos agora, neste momento e façamos uma reflexão. E o faremos por alguns minutos ou pelo tempo que desejar para avaliar a situação de que, no passado, nesta vida ou em outra vida remota, negligenciamos o desenvolvimento da alma para optar pelo desenvolvimento do próprio ego ou por não ter oferecido os nutrientes necessários para tal.

Buda, assim como Kuan Yin, ensina-nos que o carma negativo é invariavelmente gerado pelas más intenções. Sempre que, proposital ou conscientemente, prejudiquemos outro ser, somos culpados de agir com más intenções. O Buda ensinou os Cinco Preceitos para nos auxiliar a superar o hábito de lesar os demais e a nós mesmos com as nossas más intenções.

Importante dizer, a família é o lugar onde as mentes entram em contato entre si. Se essas mentes amam umas às outras, o lar será tão bonito quanto um jardim florido. Mas se essas mentes entrarem em desarmonia umas com as outras, será como uma tempestade que destrói o jardim, assim nos dizem os ensinamentos da Sabedoria Ancestral que envolve os Bodhisattvas.

Citando agora um texto sagrado, Provérbios 22:06: "Instrui o menino no caminho que deve andar e até quando envelhecer não se desviará dele".

Ora, estas palavras nos dizem respeito tanto aos descendentes como à nossa própria alma, porque, ao atingir a maioridade, ela é como se fosse nosso filho e, por tal razão, devemos aprender a amá-la e protegê-la, instruí-la e discipliná-la. Não é maravilhoso?

Passos para a paternidade Atendendo às necessidades da alma com sensibilidade e generosidade

Por que isto? Porque a alma representa a criança interior que vive dentro de cada um de nós. É como os psicólogos a denominam. "Somos pais e professores de nossa alma, bem como seus alunos." Buscar compreender nossa psicologia espiritual para curar nossa alma é importante.

Sim, pois interação negativas entre pais e filhos, geralmente representam situações psicológicas não resolvidas, muitas vezes baseada em dificuldades de relações cármicas de vidas pregressas.

Desta maneira, a alma precisa aprender a lidar com o peso de seu carma não resolvido que, por sua vez, reflete em aspectos psicológicos não resolvidos. Quando identificamos tais padrões negativos, eles não desparecem simplesmente por isso, mas, sim, somente quando oramos e aprendemos as lições, geralmente à custa do sofrimento, não importando a extensão deste.

Um dia determinado, não batemos mais a cabeça contra a parede, abrimos nossos olhos e enxergamos, porque a névoa que bloqueava a visão e o conhecimento se desfez. O que era um mistério se desfez.

> Se fizeres uma preparação espiritual para conceber, mas negligenciares a cura da alma, o filho(a) acabará sofrendo as consequências com certeza.

O Criador confia aos pais uma criança preciosa, de acordo com a capacidade que possuem de tratar suas próprias almas com bondade e Compaixão. Uma profunda compreensão do que chamamos *psicologia da alma*, possibilitará o estabelecimento de um forte e duradouro elo entre pais e filhos.

Prestem atenção, muita atenção, pois cada um dos pais é um representante do Criador para a criança (filho ou filha). A primeira compreensão dela acerca da natureza de Deus Pai/Mãe, baseia-se no relacionamento com os pais. O que queremos dizer com isso?

Bem, que um pai firme e bondoso transmite à criança a imagem de um Criador como pai firme e bondoso. Um pai exigente e condenador pode, ao contrário, instilar à criança medo de que Deus seja um tirano.

O mesmo raciocínio se aplica ao relacionamento da criança com a mãe. Se a mãe é sensível e nutridora, a criança experimenta Deus como Mãe da mesma forma. Se a mãe é impaciente e crítica, o conceito da criança sobre Deus pode ser semelhante e ela pode temer ou se ressentir com a Divindade. Dá para perceber o que isso significa e como é importantíssimo?

A importância do perdão

Anteriormente, abordamos neste livro o tema do perdão, porém, é necessário estabelecermos a ligação entre este ato e a manifestação da cocriação, ou seja, da concepção como temos dito.

Uma das chaves mais importantes para solucionar problemas com os pais é o perdão. Mas o perdão verdadeiro, não aquele que vem apenas de palavras, mas, sim, quando se une o sentimento, o pensamento e a palavra.

Quem já parou para se perguntar se ama o suficiente para perdoar os erros dos pais? E você, será que se perdoa pelos problemas psicológicos decorrentes de eventuais feridas emocionais, mal entendidos, culpa, raiva ou da dor de crescer?

Pois é a verdade, quando nos perdoamos, também o fazemos em relação a nossos pais. Assim, iniciamos, de plano, a assumir responsabilidade pelos nossos problemas e é aí que começamos o verdadeiro processo de cura. Esse é um processo contínuo e requer esforço.

Mas como encontramos a paz?

Quando transformamos a nós mesmos e não às pessoas que nos magoaram. Para que isso aconteça tem que haver esforço, trabalho duro e por longo tempo, para curar as feridas e fazer as pazes com o passado. Não há atalhos ou desvios: o perdão só é possível quando você se compromete a fazer da cura um processo permanente.

E quando se inicia o processo de perdão?

Quando reconhecemos, compreendemos que nós, assim como nossos pais, somos ou foram também, imperfeitos. Cometemos erros e eles também. Não significa que sejamos pessoas más e que não possamos amar.

A alma pode ser curada quando damos a outrem aquilo que gostaríamos que nos dessem: amor e perdão. Para podermos beneficiar a nós próprios e a terceiros, podemos fazer esta afirmação com força e fé:

Eu sou a luz do coração[15]

"EU SOU a Luz do coração que brilha nas trevas do Ser e tudo transforma no tesouro dourado da mente de Cristo. O meu amor, eu envio para apagar todos os erros e todas as barreiras derrubar. EU SOU o poder do Amor infinito que se expande até alcançar a vitória no mundo que não tem fim.

Meditação especial no coração e na alma

Quando buscamos o perdão e a cura como aspecto de uma preparação para a paternidade, é importante também que seja reservado um tempo para realizar uma meditação na alma e no coração.

Assim, foquemos atenção no coração, sentindo o pulsar da vida. A cada batida, contração e dilação, tenhamos consciência de que somos Um com o Pai Criador e que somos totalmente amados por ele Deus Pai/Mãe. Estamos agora sendo recriados pelo seu amor verdadeiro. Esse é o amor que arde perpetuamente no altar de nosso coração como uma chama espiritual. Esta chama, a do nosso coração, é a centelha de nossa divindade e é ela que sustenta a nossa vida. A Luz de Deus flui a partir do manancial cósmico, flui a partir do Eu Superior Búdico ou Crístico para chama do coração, a cada momento e a cada instante.

Tenhamos consciência em nossa meditação, que a chama do nosso coração é o nosso ponto de contato com Deus e com o futuro bebê.

Sintamos o consolo de saber que somos amados por Deus Pai/Mãe. E quanto o sentimos, podemos compartilhá-lo como a maior de todas as dádivas, com nossos filhos, da concepção ao nascimento e para além dele.

---

15. *Orações, meditações e decretos dinâmicos*, Ed. Summit Lighthouse, 2009, 5ª ed.

Um maravilhoso consolo

Ter em mente, como futuros pais, que é a existência de seres das altas hierarquias espirituais que intercedem a favor nos céus é outro grande consolo. Falamos agora da amada Kuan Yin, Bodhisattva Celestial do Oriente, Mãe da Misericórdia, e de Maria, a mãe de Jesus.

Dois sublimes seres, nomes e exemplos que nos confortam e dão esperança. Estas duas representantes de Deus como partícula Luz Mãe, podem auxiliar qualquer área da vida, como, por exemplo, a cura da alma na superação de dificuldades em conceber ou em algum outro problema durante a gravidez em curso.

Kuan Yin, aquela que ouve os brados, os choros do mundo, a salvadora compassiva, cuja beleza, graça e Compaixão representam o ideal feminino no Oriente e também agora no Ocidente. Um grande véu branco cobre sua forma e, às vezes, aparece sentada em um lótus.[16]

Geralmente, Kuan Yin é representada com uma criança em seus braços, próxima aos seus pés ou sobre seus joelhos, ou ainda rodeada por várias crianças.

Assim, aqueles que desejam ter filhos, costumam buscar a sua ajuda, uma vez que Ela é tida como "aquela que traz as crianças". É por isso que é a Bodhisattva padroeira das famílias e da gravidez. Não existem, podemos afirmar, maior aliada que Kuan Yin nessa missão.

Então, veremos mais ao final deste capítulo, o ritual com mantras e música específicas dedicadas à deidade feminina.

De outro lado, para maior ilustração, temos a Virgem Maria, mãe de Jesus, o Cristo, conhecida pela tradição como Rainha dos Anjos. Um sublime ser, que trouxe a este mundo o maior Ser que já

---

16. Ver Márcos e Valdiviáh Latàre, *Oráculo Pérolas Kuan Yin*, Ed. Alfabeto, 1ª ed. 2020.

pisou neste plano, o Verbo Encarnado, Filho de Deus, Mestre dos Mestres, Rei e Redentor, o Messias. Falar sobre ela nos enche os lábios de Luz e necessariamente nos remete à visão do Filho Amado.

Hoje, tanto Maria quanto Kuan Yin, encontram-se muito próximas das pessoas neste Planeta, o que é evidenciado pelas múltiplas aparições delas na Terra. Embora as várias manifestações de Maria sejam reverenciadas pelos católicos, podemos afirmar que, qualquer um de nós, pode clamar pela sua intercessão como mãe, irmã, professora e amiga.

Maria, a Mãe, pode ser reverenciada por meio de um rosário específico, que oferecemos para a Virgem Maria ou Kuan Yin, e Elas podem transferir sua Luz e Mestria, mantendo a visão do bem mais elevado para nós e para o futuro bebê.

A oração chamada *Ave Maria*, aquela que a nós vem livrar dos pecados, da doença e da morte, invoca sua presença na hora de maior necessidade. As palavras que estão contidas nesta oração, diferem da que é a versão mais conhecida, que é a forma que somos pecadores e fala da hora da morte.

Sim, acreditamos que Deus não deseja que nos vejamos como pecadores, pois temos que transformar conceitos errôneos que nos foram impingidos desde o início dos tempos. Assim, podemos, sem contradizer quaisquer outras crenças ou dogmas, afirmar nossa identidade como Filhos e Filhas de Deus, embora ainda adotivos, por assim dizer, e pedir pela nossa Vitória contra o pecado, a doença e a morte. Não foi esse o grande exemplo deixado por Jesus?

Podemos, ainda, pedir à Maria, a Mãe Divina, que coloque, sobreponha seu imaculado coração sobre o nosso coração para nos auxiliar a resolver quaisquer questões e problemas.

O poder criativo e regenerador do som

Sabemos que a música, hoje em dia, possui padrões de frequências desarmônicas, que levam a destruição do ser pelo rompimento da estrutura que compõem as células, moléculas e átomos, impregnando-os com energias de distorção, colocando-os em padrões de ressonância negativas desqualificadas, com o único fito de manter aprisionado o ser humano, impedindo que consiga se libertar pelo conhecimento acerca da má utilização das notas e escalas musicais que compõem a orquestração das ondas carregadas de destruição.

Falamos a respeito disto, porque, no momento em que nos propomos a um compromisso tão sério quanto colocar um ser no mundo, trazido pelos ventos da Graça Divina, não podemos nos alijar de buscar oferecer-lhe a maior e a melhor qualidade de vida, inclusive apresentando à realidade acerca das músicas que hoje existem.

De início, como estamos na fase de preparação, quem tem de adquirir consciência são os futuros pais, mesmo porque, estudos científicos têm confirmado o que os sábios já conheciam há milhares de anos: o som pode criar e alterar a matéria. Pode também produzir mudanças espirituais na vida da pessoa.

Exemplificamos com o fato de uma nota muito alta poder estilhaçar um copo e agir com destruição. O ruído produzido por um avião pode rachar paredes (energia destrutiva). Um tiro pode provocar uma avalanche. O rock metálico, agressivo em decorrência de seu padrão musical, pode destruir os chacras, etc.

Porém, frisamos que o som correto pode ser utilizado de forma construtiva. Por exemplo, o ultra som, utilizado pelos médicos para desde limpeza de feridas a diagnósticos de tumores. Alguns sons específicos podem até mesmo curar determinados órgãos.

Os cantos gregorianos são outro exemplo, pois podem energizar, recarregar nossas energias. Os mantras hindus e chineses, utilizados pelos iogues, associados a visualizações, podem acender o fogo, materializar alimentos, fazer chover, etc.

Um exemplo clássico, conhecido por muitos, independentemente de religião, e que é muito comentado, é o que vemos na Bíblia, que diz quando os israelitas "deram grande brado" as muralhas de Jericó vieram abaixo. Não é verdade? Os responsáveis foram os harmônicos que foram utilizados. Há outros exemplos, como que, ao comando de Jesus Cristo, os doentes foram curados e os maus espíritos expulsos. E o homem, que desde o ventre da mãe era coxo, andou pela primeira vez quando Pedro ordenou "Em nome de Jesus Cristo, o Nazareno, levanta-te e anda. (Mt 8:6, Mc 9:25, Atos 3:6).

Aqui não é simplesmente qualquer som que pode transformar nossos mundos do espírito e da matéria, mas, sim, o Verbo do Criador (seja Deus, Brahman ou o nome que lhe der), todos utilizam o poder deste verbo. Hindus, budistas, cristãos, judeus (com o *Shemá*) e os muçulmanos (com *Salah*).

Necessário e importante saber, que é possível intensificar o Poder do Verbo de Deus, por meio de orações e voz alta. O que chamamos de *decretos* são a forma mais eficaz, são petições em voz alta para o Criador. Usamos o nome nos decretos que é o EU SOU O QUE EU SOU, às vezes de forma sintética, abreviada, como EU *SOU* (na verdade afirmamos assim que Deus em Mim é), afirmamos nossa unidade com Ele e acessamos seu Amor, Sabedoria e Poder Infinitos.

Não devemos, por conseguinte, afirmar ao contrário, oposto, isto é, EU SOU desanimado, incompetente ou EU NÃO SOU isto, ou aquilo ou... Tudo o que tiver o prefixo "DES ou IN", que são negativos devem ser evitados, pois se colocar esses prefixos na frente de palavras, como, por exemplo, graça, afortunado, pretensioso, avergonhado, competente , capaz, o que fica? Dá para perceber a importância de não fazer isto?

As afirmações corretas produzirão transformações no coração, no corpo, na mente e na alma, em todos níveis, até retroativamente, em vidas pregressas, desde o momento em que se deu o afastamento da perfeição divina.

A preparação com a utilização do fogo violeta

Na medida em que se prepara para ter filhos ou filhas ou ambos, pode ser utilizada a Chama ou o Fogo Violeta, que pode promover todos os tipos possíveis de mudanças, curando problemas físicos e aumentando o nível de disposição de energia, inclusive atuando na resolução de problemas psicológicos.

A Chama Violeta é capaz de elevar o espírito, por ser a própria alegria de viver e ser a chama do perdão. Pode nos auxiliar em problemas com os pais e com as pessoas que nos prejudicaram e que prejudicamos. É capaz de transmutar carma negativo desta vida e das vidas passadas (transformando-os em uma forma mais elevada). A pessoa assim consome o carma pessoal e o indivíduo então realiza o ouro verdadeiro, que é o seu EU SUPERIOR BUDICO OU CRÍSTICO.

Relevante saber que o Anjo da Manhã, todos os dias nos traz o carma do dia. Já pensaram nisto? Aí você desperta e diz: "Espera um pouco, estou ocupado para fazer as minhas orações agora. Terei de lidar com esse carma mais tarde". Simples, não é? Você é que pensa. Porque, todos os dias, esse carma será um peso a mais. Ao invés disso por que então ao despertar não orar e decretar como primeira atividade matinal? Aí, com certeza, o dia será mais leve, mas terá que decretar e orar em voz alta, sempre. Pode ser que algum dos leitores se imagine em um lugar público e recaia dúvida se pode fazê-lo. A resposta é positiva, sim, mas mentalmente, com visualização e sem que haja interrupção durante. Pode se fazer decretos até enquanto está dirigindo, prestando atenção ao trânsito é óbvio, ou quando se faz afazeres domésticos.

A purificação dos chacras

O processo preparatório mais intenso pode ser realizado com a purificação como preparação para a concepção. Este processo é importante, porque aumenta a capacidade dos pais transferirem Luz para a criança.

Ao invocarem a Chama Violeta, deve-se pedir para que ela, especificamente, purifique as lembranças, pensamentos, sentimentos e desejos, assim como o próprio corpo físico. Isso a nível atômico inclusive.

Estamos nos referindo aqui aos chacras, centros energéticos, sendo que cada um tem uma frequência específica e representa uma qualidade diferente da consciência do Criador. O que desejamos dizer com isso é que, quanto mais pétalas o chacra tiver mais elevada a frequência. Os chacras funcionam, apenas para vos relembrar, como estações receptoras e emissoras de energias.

Funcionam como verdadeiros transformadores de luz espiritual, avivando a memória, a mente, os sentimentos e os desejos, além das células, moléculas e átomos do corpo físico. Entretanto, em face da interação com outras pessoas em vidas anteriores, os entulhos cósmicos se acumulam ao redor dos nossos chacras. São como folhas que obstruem um bueiro após a chuva. Para que a água flua é necessário retirar tais folhas. Assim é em face dos chacras, para que a Luz de Deus possa fluir pelos mesmos, devem ser desobstruídos.

Quando os chacras da gestante são purificados, o feto recebe os benefícios da Luz de Deus, que nunca Falha, fluindo através dele. Para a purificação dos chacras, utilizamos a meditação da Chama Violeta, utilizando por certo período de tempo, como será mais à frente orientado.

Casamento ou união estável e a concepção

Há ensinamentos preciosos a respeito deste tema, razão pela qual os apresentamos para que se possa entender a sacralidade existente.

Quando a união sexual ocorre para a glorificação do Céu, nada pode ser mais puro e sagrado. A União entre o homem e a mulher, quando correta, é o segredo da civilização. Através dela, o homem se torna parceiro de Deus no ato da Criação.

O matrimônio celebra a unidade da alma com Deus (sentido místico) e deve ser frutífero, abençoando a Terra com um amor magnânimo. Esse amor é magneto e possibilita as pessoas a se tornarem cada vez mais semelhantes a Deus.

Pela união, o casal potencializa sua capacidade de cumprir sua missão, ajudar os outros a saldar seus débitos cármicos (especialmente por meio da intimidade dos relacionamentos familiares).

Importante no relacionamento dos cônjuges, como em todos outros, é a aquisição que temos da maior consciência divina ao compreendermos o outro e nos tornarmos aquilo que percebemos como divino nele.

É, assim, uma oportunidade nesse relacionamento para o desenvolvimento espiritual. Ao enfrentarmos os inevitáveis desafios do casamento, somos tentados a desistir da relação, a menos que o casamento seja entendido como uma grande oportunidade para obter resolução interna e resgatar o carma.

Qual o significado do homem e da mulher nesses casos?

Bem, quando se afirma "uma só carne", como vemos em Gênesis 2:24, é o que se quer dizer acerca da concordância que o casal afirma em carregar o carma um do outro quando casa. O voto do casamento significa que carregamos o carma mútuo e que compartilhamos também os níveis e mestria pessoal. O peso do carma passa a ser compartilhado. Ninguém sabe onde está entrando ao se casar. Um dia, quando o casal descobre que a "lua de mel" acabou e que carrega um fardo a mais nas costas, percebem que isso é reciproco. É como usar sapatos alheios, não são nada confortáveis. Neste momento, começa o ressentimento desse peso.

E seguindo, vem o voto "na alegria e na tristeza, na riqueza e na pobreza, na doença e na saúde". A fraqueza do esposo pode ser contrabalançada pela força da esposa e vice versa. É para isso que serve o casamento. É uma pena, lamentável, quando às vezes descobrimos isso muito tarde e o casamento se rompe.

De fato, quando os ciclos cármicos se desenrolam e ocorrem doenças ou dificuldades, percebemos que concordamos em dividir isso. Compartilhamos o bom e o ruim no casamento. Esse fardo pode ser compartilhado com alegria e transformado, especialmente se a Chama Violeta for invocada.

Podemos permitir que o carma assuma o controle de nossas vidas e pese no nosso casamento, ou o transformamos. Quando compreendemos que nosso carma pode nos cegar para as virtudes do nosso parceiro(a), podemos decidir, deliberadamente, transmutá-lo e espiritualizar o casamento. Caso contrário, podemos viver num mundo de fantasias e irrealidades, desejando que sejam eliminados toda dor e sofrimento e todos os sonhos, desejos, objetivos sejam subitamente realizados.

Mas não é assim. Esta é apenas uma das ilusões alimentadas por esta sociedade. Acabamos, sim, sobrecarregando nosso companheiro(a) como exigências irreais. A esposa espera que o marido cumpra todas as expectativas e o marido idem em relação a ela – talvez nem os deuses possam cumprir todos os ideais em relação à suprema glória do matrimônio.

Essas demandas conduzem o casamento, inevitavelmente, a um ponto de ruptura. Porque os parceiros exigem aquilo que o casamento não está destinado a lhes dar. Precisamos, então, definir o que é o matrimônio e ver o que ele é capaz de oferecer e o que podemos oferecer a ele. Funcionará melhor se o casal compreender que ele pode englobar a totalidade de Deus e a totalidade do relacionamento humano. Não devem existir papeis rígidos num casamento satisfatório.

Assim, tanto o homem quanto a mulher tem papeis próprios. Entretanto, o homem, como marido, não pode desempenhar apenas esse papel, porque Deus não desempenha apenas o papel de marido. Deus se apresenta diante de nós como Pai, como Filho, Espírito Santo, irmão, vizinho, amigo e parceiro de caminhada, e todas essas relações podem mudar de um momento pra outro.

Desta forma também com referência à mulher, esposa, pois ela representa num momento ou no outro, todos os aspectos da natureza feminina de Deus. Pode ser mãe, filha, irmã, esposa. Pode ser criança ou uma madura matriarca, patrocinadora da vida.

O casamento é como duas chamas entrelaçadas. Ao olhar o fogo físico, vemos que não podemos afirmar que "esta é a formada chama". Ela nunca é definida, está sempre mudando; assim, as duas chamas no casamento estão sempre se movimentando e assumindo diferentes características. E por serem duas chamas devem combinar em harmonia. Esta é uma chave de criatividade diária e o fluxo do amor que pode existir entre o marido e a mulher.

Amar a Deus no marido ou na esposa é a espiritualização do casamento. Exalar o que existe de mais elevado e nobre no outro. Mas para isso é preciso, necessário, o respeito mútuo. E para respeitar o outro, primeiro tem-se que respeitar a si mesmo. Senão respeita a chama de Deus existente no seu coração, nunca a respeitará em ninguém. Se não amar primeiro a si mesmo como criação de Deus, nunca será capaz de amar a ninguém de forma satisfatória. Podemos amar a Deus num homem ou numa mulher e ainda assim sentir atração física. Amar desta forma significa que todas as nossas energias, inclusive as sexuais, são espiritualizadas, e que experimentamos o amor como uma união divina.

Então, em algum momento enquanto estão lendo estas palavras, poderão questionar quanto a uma dúvida: "como conciliamos o desejo sexual com esta experiência elevada?

Bem, o desejo sexual é o desejo divino de manifestar a mais elevada criatividade em todos aspectos da vida. É o enorme *Momentum* de Deus desejando se manifestar fisicamente. E este é o *Momentum* de energia necessária para que ocorra a união da semente e do óvulo.

Percebam que Deus não criou o Universo e tudo que existe sem o desejo. Analogamente, para podermos CRIAR – e isto se aplica a qualquer projeto ou forma de criação de vida – também precisamos ter desejo. Quando o desejo sexual é compreendido, a espiritualização da procriação pode se tornar uma experiência comum a todos os homens e mulheres, e isto pode ocorrer num piscar de olhos.

Mas há um requisito principal: mudar o estado de consciência, libertando-se da prisão causada pela culpa, vergonha e confusão em relação a tudo isto que acabamos deixando demonstrado aqui. Por que estes sentimentos existem então?

Pecado e pecadores originais?

Este é o momento de indagarmos qual a relação, porventura existente, entre o pecado original e o sexo.

Até hoje, nos dias atuais, somos orientados acerca do chamado *pecado original*, tido com uma doutrina religiosa, sustentando que os chamados *Adão* e *Eva*, como resultado da queda primordial, acarretou a todos membros desta sociedade planetária humana o nascimento como uma falha moral. Grande parte das pessoas carrega, de forma subconsciente, um sentimento de condenação em relação ao sexo. Nós não acreditamos que assim o seja. Não existe o menor sinal, o mais remoto sinal, da existência do conceito de pecado original entre os patriarcas apostólicos. Sabemos que foi Santo Agostinho que veio com este ensinamento, de que a mácula do pecado original era transmitida de geração em geração por meio do ato sexual, e por acreditar que este sempre vinha acompanhado de luxúria, declarou que o pecado lhe era inerente. Inacreditável! Mas é a mais pura verdade.

Podermos afirmar, por convicção própria e seguindo ensinamentos da Hierarquia de Luz e principalmente de Kuan Yin, e mais, escutando a voz que vem do coração, que o pecado original realmente não existe como descrito, considerando que temos uma origem divina. Portanto, há muito que se falar a respeito deste tema, retornando aos primórdios da criação, para, ao menos tentar ter um vislumbre dos mistérios que envolvem o conceito de pecado, cuja abordagem não deve fazer parte deste livro.

Assim podemos, finalmente, pedir a Deus que nos ajude a extrair, extirpar do nosso subconsciente todo sentimento de impureza e condenação em relação ao ato sexual e a procriação, evidenciando-se o caráter sagrado que devemos ter a respeito destes.

Elevação de consciência, da preparação à concepção

Como se pode realizar isso? Simplesmente com a mera intenção?

Não. Os pensamentos e sentimentos no momento da concepção podem ser fatores determinantes do tipo de alma que será atraída para determinada família. Um dos fatores que podem contribuir para essa elevação de consciência do casal (antes que tentem conceber) é inundar a casa com música "espiritual". Por exemplo, tocar canções de Natal (independentemente da época do ano) é uma das melhores maneiras de envolver a casa numa atmosfera de santidade. É crucial e importante, como já dissemos anteriormente, escolher cuidadosamente a música e aprender a discernir o estado de consciência dos interpretes. É recomendável ouvir gravações de pessoas que possuem vozes angelicais ou muito devotadas (como foram Mario Lanza, Pavarotti e tantos outros), pois essas músicas atraem os anjos para a sua casa.

Pode ser recitado este poema para restaurar o sentimento de pureza e de mérito para ser um instrumento de Deus para a sagrada concepção de uma criança. Este poema especial afirma a santidade da vida e reverencia a centelha do Amor divino e o fluxo da semente do pai para a mãe.

Poema

A vida no Céu e na Terra
É um silêncio sagrado;
A vida, o Espírito de Deus, seu valor
Realidade Sua vontade
Onde quer que o brilho de sua chama
Inflame a centelha
O propósito da seta cósmica
Expande o marco da perfeição
O espírito emana amor criativo
Para fluir docemente
Nenhum pensamento turva a imagem acima
Nem aqui embaixo
Porque o sagrado barco da vida
Veleja eternamente
E nada deve romper o arco
Da nossa abençoada liberdade.

Podemos pensar na nossa consciência como uma seta que é lançada para o alto em direção ao cosmos no momento em que ocorre a unidade com Deus durante o ato sexual. O marco da perfeição é expandido pelo propósito da seta cósmica. É o alvo, o impulso do nosso amor e do nosso desejo. Do desejo divino no nosso interior, de ver a seta alcançar a estrela mais alta, a alma do futuro bebê.

O extraordinário processo e o momento da concepção

É realmente grandioso quando chega aquele exato momento, o mais magnífico, da vida que se desenrola no mundo secreto do ventre materno.

As sementes do homem e da mulher se unem e, a partir daquele momento, dá-se início a história de uma nova vida. Se levarmos em consideração tudo o que ocorre, o processo todo, para que um espermatozoide e um óvulo se encontrem é realmente fantástico que existamos.

O ovário feminino contém milhões ou mais de óvulos imaturos no momento da concepção. Um único óvulo se desprende a cada mês e é liberado da superfície do ovário cerca de duas semanas antes da menstruação. Em seguida, o óvulo penetra a trompa de Falópio. Se não é fertilizado em 24 horas, ele se desintegra e é expelido com a parede uterina em forma de menstruação.

Como os óvulos, os espermatozoides têm uma vida muito curta de apenas um ou dois dias após deixar os testículos. Este pequeno ciclo de vida do espermatozoide e do óvulo limita o período fértil. Por isso, o tempo em que ocorre a concepção é preciso, determinado, como alguns pais intuitivamente sabem.

Durante a preparação

Ler Juízes 13:1-25

1 Samuel 1:1-28; 2:1-11

Lucas 1:5-25; 57-80

Preparação física e dieta alimentar

- Dieta elevada – mínimo de ingestão de carnes e máximo de alimentos naturais.
- Jejuar para purificar-se, descobrindo assim o que deve ser fortalecido. A mulher pode fortalecer seu corpo com chá de ervas, emplastos (cataplasma), compressas com óleo de rícino e mamona.
- Equilibrar a Chama Trina, realizando os decretos que serão apresentados adiante.
- Trabalhar o perdão – por este aos Senhores do Carma medem o nosso amor.
- Rosário de Maria ou de Kuan Yin. A amada Mãe Maria forma o coração do feto, portanto, após a concepção, é bom estabelecer sintonia com ela diariamente. Ambas trabalham em prol da vida.
- Colocar canções natalinas e oratório de Messias de Handel (sintoniza-se com a hierarquia dos Arcanjos Gabriel, Rafael, Uriel e Jesus/Saint Germain) e estas vibrações se inserem no campo de força da criança.
- Ao pedir a Deus um Ser Crístico, deve se afirmar quais os compromissos que serão assumidos em relação à criança como, por exemplo, preces diárias para ela. para que Deus haja a favor. Seja qual for a decisão do Criador ao pedido, preparar-se para o mais alto, protegendo a alma como se fosse a mais elevada.

- Decretos da Chama Violeta para purificação do corpo etérico da criança (antes mesmo de ser concebida). Fazer tais decretos, a invocação para que a alma designada à família receba os benefícios dos decretos da Chama Violeta, tendo em vista a purificação do corpo etérico. Não podemos purificar inteiramente seu corpo etérico, pois não é possível, transmutar o carma de outra pessoa. Os pais podem trabalhar lado a lado com o Santo Cristo Pessoal da Criança.

Mas o chamado mais importante diz respeito aos *genes*. Fazemos a Chama Violeta para nós mesmos, pedindo para que sejamos libertados, e fazemos juntos decretos ao ser divino conhecido por Astrea. Em seguida, pedimos ao Eterno que não permita que características hereditárias negativas sejam transmitidas por nosso intermédio, mas, sim, que os genes do Santo Cristo Pessoal nosso e do Santo Cristo Pessoal da criança que está por encarnar providenciem a matriz perfeita.

Consagrar-se escrevendo cartas aos Senhores do Carma, pedindo que patrocinem uma alma que o SENHOR necessita que seja encarnada, a quem possamos dar algo muito especial.

Quanto mais carma equilibrarmos, quando mais pedimos para saldar dívidas cármicas, dívidas sérias com outras correntes de vida (almas), menos provável é que tenhamos um filho(a) cármico(a), mas, sim, um filho(a) que vem com um propósito muito especial.

Nem sempre isso é possível, não importa quanto avançado sejamos, pois temos carma e recebemos de fato as crianças que nos são dirigidas, porque existe algo que precisa ser resolvido entre nós e a criança.

Se este for o caso, melhor é equilibrar nos planos internos a maior quantidade possível de carma com a criança, de forma que o relacionamento possa manifestar um máximo de harmonia.

A existência do amor entre pais e crianças

Temos conhecimento, sabemos e já vimos crianças sendo tratadas com ódio pelos pais sem que estes se deem conta disto. Estas situações cármicas não foram resolvidas na psicologia espiritual e, desta forma, continuando assim, faz com que a criança cresça com problemas psicológicos. Os pais despejam tudo sobre seus filhos – as suas raivas, os seus medos, o desejo de dominação, a frustração, seu isso, seu aquilo e aquilo outro.

E, de acordo com nossa capacidade de lidarmos gentilmente com nossa própria alma, compassivamente, como Kuan Yin faz e nos ensina, então o Eterno confiará aos nossos cuidados uma corrente de vida preciosa.

A nossa alma simboliza nossa criança interior, bem como a criança que vamos ter. Como tratamos a nós mesmos, vamos fazê-lo com nossa prole.

1 – Espiritualização da gestação passo a passo

A Preparação Espiritual da Concepção

a. Autopurificação: jejum, oração e devoção espirituais.
b. Compreensão da Psicologia Espiritual: trabalhando para se livrarem de *momentuns* negativos.
c. Equilibrar a Sua Chama Trina: a capacidade de ambos serem o Cristo em manifestação.
d. Pedido aos Senhores do Carma: pedir a Deus para lhes enviar um ser crístico, expondo-lhe o compromisso que naturalmente estão dispostos a assumir em prol da criança.
e. Fazer orações, mantras e decretos da Chama Violeta para a purificação do corpo etérico da criança.

2 – O ritual da concepção

a. A empreitada da Mãe Maria e Kuan Yin para espiritualizar a consciência da Raça no tocante a gestação de crianças.

b. Meditação para a concepção: uma União Sagrada.

São também mestres patrocinadores das almas que estão chegando ou por vir a Mãe Maria, Kuan Yin, São Francisco, Jesus Cristo, Maha Chohan e Saint Germain.

Saibam que o ventre da mãe é um "sepulcro abobadado" onde a alma é revestida por meio da convergência do Espírito e da Matéria, com camada sobre camada, de uma substância formada a partir da essência do Espírito, cujo propósito é a expressão da alma nas oitavas inferiores, ou seja, da Terra (Mãe Maria).

Sepulcro abobadado, segundo Arcanjo Rafael, pode ser comparado a uma catedral onde a mãe recebe o Cristo e o pai atua como um mensageiro de Alfa, levando o sêmen de Alfa até a catedral. Ele tem a missão de ir diante do altar do Senhor, nesta catedral, e de transferir à mãe, a semente de luz (sêmen - semente) para a encarnação da palavra.

O desejo sexual é um *momentum* extraordinário do Senhor no seu desejo de ser integro (formar o todo) e também um momento de energia, que é liberado para a união do esperma e do óvulo. Daí que, através da mudança de nossa consciência, este desejo deixa de ser tingido pela energia dos caídos em forma de paixão ou em termos de um instinto animal inferior, gregário, primitivo.

O Eterno não criou o Universo sem esse desejo. Foi-lhe necessário desejá-lo. Isto nos ajuda a compreender como poderemos transladar/sublimar o desejo meramente sexual para a energia espiritual que Mãe Maria e Kuan Yin pede.

Meditação para a concepção

Meditações são necessárias tanto para o pai como para a mãe, que estejam se preparando para a concepção. Necessário que seja esclarecido que nada é rígido em termos de metodologia ritualística. Estas meditações devem fazer parte do ritual de casamento, evitando que sejam feitas separadamente (devem fazer parte da consumação do fluxo de força da vida, porque, no momento da União com Deus que está no outro, é aí que ocorre o casamento que falamos e a nossa consciência precisa estar elevada.

Atentem, porque nossa consciência precisa ser como uma flecha que lançamos bem alto para o cosmos, a fim de contatarmos o plano mais elevado de Deus que formos capazes. Porque é nesse plano elevado o lugar onde o Avatar habita.

Assim, a consciência dos pais precisa se elevar e magnetizar de volta ao plano da Terra estas almas Luz. Quando, então, se ouve a canção do Pai Nosso, em hebraico, em aramaico ou mesmo por tenores como Mario Lanza, Pavarotti, e outros, devemos dirigir a nossa atenção ao Deus Pai, personificado no simbolismo que identificamos como Alfa.

Ao acompanharmos, durante a meditação, o fluxo desta prece dada a Jesus e cantada por uma pessoa de grande pureza no coração, faz-nos adquirir uma convicção e uma compreensão ancoradas em nosso coração, mente e alma, de que Deus é o verdadeiro Pai de nosso(a) filho(a). Compreendemos que Deus impregna o próprio sêmen com o fogo de Alfa, onde o pai terreno reconhece que ele é o instrumento do Criador e que este é o Pai espiritual da criança.

Isto também arrebata a nossa consciência até o Chacra da Coroa, o foco de Alfa dentro do nosso corpo, atuando como um magneto de energia que atrai e magnetiza as energias da Mãe. Para ancorarmos as energias da Mãe Divina e focalizarmos as energias de Ômega, podemos meditar, sim, na música AVE MARIA, sendo interessante ter à nossa frente uma pequena estátua ou imagem representativa dela, aquela que mais gostar.

O Pai olha para a Mãe como olharia para a Virgem Maria, da mesma forma que olharia para uma mulher santa. Sendo assim, devem ler juntos a visitação do Arcanjo Gabriel à Maria (Lucas 1:26-38). Se assim o fizerem, lendo juntos esta passagem em voz alta, quando estiverem se preparando para a concepção imaculada, terão sobre si a presença eletrônica do Arcanjo Gabriel, a sua consciência, a sua pureza, bem como o seu conhecimento da alma que o casal está por conceber. Saibam que ele aparece a cada casal que vai receber uma criança. Vem estabelecer a matriz, gravando a molécula de DNA, dos genes e cromossomos, os elementos que devem ser transferidos.

É naturalmente bom e essencial saudá-lo, agradecer-lhe e pedir-lhe que purifique a consciência do casal. Também poderão ler e cantar juntos o que está em Lucas 1:46-55.

Fazemos uma sugestão básica aqui, que é realizarem o decreto para a pureza como auxílio para nos lembrar de que Deus é digno de ter habitação sagrada entre nós e de que Ele nos fez dignos. Igualmente pode fazer "Eu Sou teu Cálice", visando a focalizar as chamas gêmeas dos céus e assim reforçar a concepção imaculada para o casal.

Um dos mestres ascensos, Zaratustra, faz uma recomendação, orientando que o decreto da Chama Trina pode ser realizado também. Cada átomo molécula e célula tem uma chama do coração, uma ação no núcleo. A Chama Trina é aquela que pulsa numa oitava acima do coração físico, na chamada *câmara secreta*, onde o poder, a sabedoria e o amor divinos habitam como expressão da trindade. Assim, a Chama Trina se transforma na pedra arquitetônica de toda a criação e a nossa adoração a esta chama, na hora da concepção, implica na fusão dos nossos templos como uma Luz extraordinária.

Também é interessante realizar a leitura de forma conjunta de outro decreto chamado "Doce entrega ao nosso voto sagrado" que ajuda a selar a toda concepção na Sagrada Vontade de Deus.

Este voto sagrado significa realmente o "voto" que fazemos quando nos apresentamos perante os Senhores do Carma antes de encarnarmos nesta vida. É o momento relevantíssimo em que o Senhor Deus pronuncia a benção: "Frutificai, multiplicai-vos e enchei a Terra". Fizemos o voto de sermos o canal claro e cristalino através do qual as águas fluem para formarem e reformarem a imagem crística.

E, finalmente, para Selarmos a Concepção, podem realizar juntos a oração "Acabou-se"[17] que nos foi brindado por Jesus, o Cristo. Esta oração é para selar as crianças das vibrações externas do mundo no dia a dia.

Em nome do Pai, da Mãe Divina, do Filho e do Espírito Santo Eu (afirme seu nome de batismo) decreto: (faça aqui seus pedidos)

> Acabou-se! Terminada esta contenda, torno-me um com a Vida imortal. Calmamente faço ressurgir as minhas energias espirituais do grande tesouro do conhecimento imortal.
>
> Os dias que contigo conheci, Ó pai, antes que o mundo fosse dias de triunfo, em que todos os pensamentos do Teu ser elevavam-se sobre os eternos montes da memória cósmica; vem de novo, enquanto medito sobre Ti.
>
> Cada dia, ao invocar as Tuas lembranças do pergaminho do Amor imortal, vibro de novo de emoção. Padrões maravilhosos de contemplar-se, enlevam-se com a sabedoria do teu plano criador.

17. Idem.

Com tanto cuidado e beleza sou feito que ninguém pode destruir o Teu desígnio, ninguém pode roubar a beleza da Tua Santidade, ninguém pode desencorajar o pulsar do meu coração numa expectativa quase impaciente de ver a Tua plenitude manifestada em mim.

Ó grande e glorioso Pai, como poderá um minúsculo pássaro criado na bem-aventurança hierárquica escapar à Tua compassiva atenção? Eu valho mais que muitos pássaros, e por isso sei que os Teus pensamentos de amor vêm até mim a cada dia para me consolar na aparente solidão, para me dar coragem, elevar os meus conceitos, enaltecer o meu caráter, inundar o meu ser de virtude e poder, manter a Tua taça de Vida transbordante em mim e para em mim viver para sempre junto da Tua celestial presença.

Não posso falhar, pois EU SOU Tu mesmo agindo por toda a parte. Passeio contigo sobre o manto das nuvens. Caminho contigo sobre as vagas e cristas da abundância aquática. Movo-me contigo nas ondulações das Tuas correntes passando sobre os milhares de montes que compõem a crosta terrestre. Estou vivo contigo em cada sarça, flor e erva. Toda a natureza canta em Ti e em mim, pois somos um só. Eu estou vivo nos corações dos oprimidos, para elevá-los.

EU SOU a Lei que exige a Verdade do Ser no coração dos orgulhosos, reduzindo ali a criação humana e incitando à busca da Tua Realidade. EU SOU tudo que traz bem-aventurança a todos os homens de paz. EU SOU a plena ductilidade da graça divina, o Espírito da Santidade que liberta da escravidão todos os corações e promove a Unidade.

Acabou-se! A Tua perfeita criação está dentro de mim. Imortalmente encantadora, não pode ser privada da bem-aventurança do Ser. Semelhante a Ti, ela permanece na casa da Realidade. Sem nunca mais sair para onde há profanação, ela só conhece as maravilhas da pureza e da vitória. Porém, agita-se neste fogo imortal um padrão consumado de Misericórdia e Compaixão que procura salvar para sempre aquilo que se perdeu por se ter afastado da beleza da Realidade e da Verdade. EU SOU o Cristo vivo eternamente em ação!

Acabou-se! A morte e os conceitos humanos não têm poder no mundo! Estou selado, por desígnio divino, com a plenitude desse Amor Crístico que supera, transcende e liberta o mundo pelo poder do três-vezes-três até todo o mundo triunfar em Deus ascenso na Luz e livre!

Acabou-se! A integridade é a Plenitude de Deus. Cada dia aumenta em mim a força, a devoção, a vida, a beleza e a santidade, vindas da mais bela flor do meu ser, a rosa de Sharon, por Cristo consagrada, que abre as suas pétalas no meu coração.

O meu coração é o coração de Deus!
O meu coração é o coração do mundo!
O meu coração é o coração do Cristo curando!

Eis que estarei sempre contigo até o fim, até que com a voz do Amor Imortal, também eu diga: "Acabou-se!"

Amém, Amém, Amém! Amém!

Pela ação do selamento deste decreto, a alma ou a consciência durante o período de gestação não pode ser tocada, contaminada ou profanada, porque conhece somente as maravilhas da pureza e da vitória. Assim, estamos selando nosso(a) filho(a) na pureza e na vitória a partir do momento da concepção. Quais seriam as maiores qualidades e valores com os quais uma criança poderia nascer neste mundo? Pureza! Vitória!

Pedimos atenção especial para observar que é necessário levarmos em consideração que, se estamos contemplando a concepção, devemos agir com esses decretos, com visualizações e em todos os demais aspectos de nossa vida, como se já tivéssemos concebido, para não perdermos as tão vitais e preciosas semanas iniciais, em que os aspectos chaves do desenvolvimento ocorrem no embrião.

A purificação dos planos e dos corpos inferiores

Necessária a explicação de que o ser humano não possui apenas o corpo físico, mas, sim, tem quatro corpos que chamamos de *inferiores*, a saber: etérico (plano das ideias); mental (plano do pensamento); emocional (plano das emoções) e físico (plano da ação material).

Com o nascimento, a criança então terá os quatro corpos em funcionamento pleno. Mas para que seja feita a devida preparação à concepção, como já colocado, o trabalho deve se iniciar três meses antes, visando a purificação do primeiro corpo, o etérico, para oferecer suporte àquela criança que passará a fazer parte da nova família. Para tanto, será utilizado os decretos e as afirmações da Chama Violeta, que tem o poder de higienizar e fazer essa necessária purificação precedente à formação inicial do feto.

Para que se possa entender mais plenamente porque é importante esta ação, há duas partes que compõem esse corpo, isto é, o que chamamos de *superior*, que dá o padrão de nossa identidade divina, e aquele dito inferior, que tem registros de vidas passadas e que é responsável diretamente por toda espécie de manifestação do processo cármico nos outros três corpos.

Saibam que o processo inicial, começando antes da concepção, vai determinar o molde que será dado, transcrito, efetivado e preparado com o Fogo da Criação, para permitir o desenvolvimento do período gestacional dos nove meses.

Então, depois de percorrido esses primeiros três meses anteriores à concepção, com o trabalho realizado, serão necessários mais três etapas de três meses cada, perfazendo os nove meses de gravidez.

O primeiro trimestre, ou seja, desde o momento da concepção aos três meses, é quando, espiritualmente falando, desenvolvem-se a mente, a capacidade intelectual da criança. É de se observar que, as tendências e força de vontade dos pais (em especial da mãe) têm grande influência neste período.

Quanto ao segundo trimestre, período compreendido entre três e seis meses, vai se referir ao que chamamos de *corpo emocional*. Como o próprio nome indica, refere-se às águas interiores, ou seja, às emoções, quando todas as tendências de instabilidade ou estabilidade são construídas. Neste período é necessário que a mãe tenha paz e tranquilidade, sem agitações sem perturbações incluindo do meio ambiente em que vive e tudo que vê (filmes, noticiários, novelas, etc.), ouve (como músicas, comentários maldosos, agressões verbais, etc.) e diz (tipo de palavras e sons).

Finalmente, o último período, que vai dos seis meses ao nascimento, refere-se ao último corpo que é o físico, naturalmente representando o pleno desenvolvimento da criança e o próprio crescimento final. A mãe deve se alimentar nestes meses corretamente, o que é extremamente importante, já que o cérebro do bebê e o próprio corpo têm um desenvolvimento rápido e acelerado nesta fase.

Observe para melhor compreensão o quadro a seguir.

Observem para melhor compreensão o quadro abaixo.

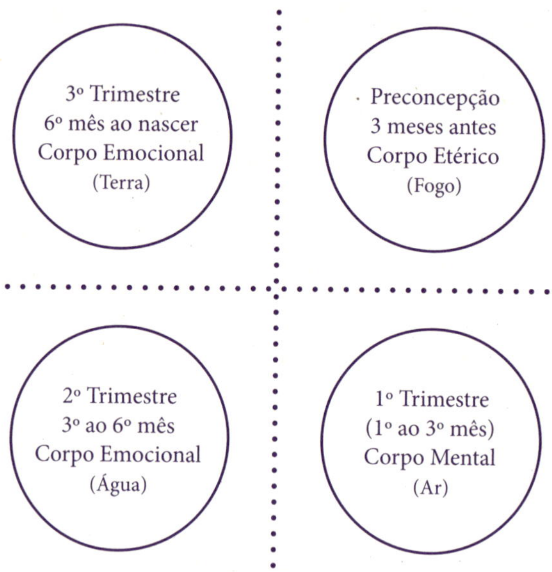

Orações e decretos da Chama Violeta

Devem ser realizados de forma específica para cada trimestre de gestação, sempre pedindo ao Criador que preste auxílio à alma da criança, para transmutar seu carma negativo e toda e qualquer deficiência nos quatro corpos inferiores.

Vamos dar aqui alguns exemplos de orações que ambos, pai e mãe, podem fazer associados aos decretos de Chama Violeta, não se esquecendo de fazê-los para si também e para o futuro bebê. Antes da concepção e durante todos os meses do período de gestação.

Oração para purificação dos corpos inferiores[18]

Em nome de Deus EU SOU O QUE EU SOU e do meu Santo Cristo Pessoal e de acordo com a Sagrada Vontade de Deus, Eu (dizer o nome de batismo), invoco neste momento, agora e para sempre: "A purificação do corpo etérico do meu filho(a) para que seus corpos mental, emocional e físico sejam formados de acordo com a matriz original da alma; e que seja liberto de todo carma negativo que eu possa ter constituído com essa criança e do carma negativo que essa criança possa ter com qualquer membro da minha família; que seja transmutado tudo o que possa de uma forma ou de outra se opor ao cumprimento efetivo da missão e do mais alto potencial do bebê".

Invocação para o primeiro trimestre de gestação

Em nome de Deus EU SOU O QUE EU SOU e do meu Santo Cristo Pessoal e de acordo com a Sagrada Vontade de Deus, Eu (dizer o nome de batismo), invoco neste momento, agora e para sempre: "A proteção efetiva para a perfeita formação da estrutura de todos os órgãos que estão sendo desenvolvidos no meu bebê neste período de três meses; que seja transmutado tudo o que possa de uma forma ou de outra se opor ou impedir o perfeito e correto desenvolvimento da mente e das emoções do meu bebê. A transferência da mente e da Vontade de Deus para o meu bebê, transmutação de toda imperfeição hereditária, na minha capacidade mental ou força de vontade que possa afetar negativamente o meu bebê".

18. Prophet, Elizabeth Clare, *Nutrindo a alma do bebê*, ed. Nova Era, 2001, 1ª ed.

Invocação para o segundo trimestre de gestação

Em nome de Deus EU SOU O QUE EU SOU e do EU Santo Cristo Pessoal e de acordo com a Vontade Divina, Eu (dizer o nome de batismo), invoco neste momento, agora e para sempre: "A proteção para o desenvolvimento do cérebro e da estrutura óssea do meu bebê, para a continuidade do rápido desenvolvimento de todos os órgãos e para que o seu corpo seja perfeito; a transmutação de todo carma negativo que possa impedir o perfeito desenvolvimento e a paz do corpo emocional do meu bebê; a transferência da Paz e Harmonia Divinas para os seus sentimentos, a transmutação de toda imperfeição hereditária, nos meus sentimentos e desejos, que possa afetá-lo negativamente".

Invocação para o terceiro trimestre de gestação

Em nome de Deus EU SOU O QUE EU SOU e do meu Santo Cristo Pessoal, e de acordo com a Vontade Divina, Eu (falar seu nome de batismo), invoco: "A proteção para o desenvolvimento do meu bebê, especialmente para o refinamento dos seus olhos, ouvidos, nariz, coração, pulmões, cérebro, pele e aparelho digestivo; a transmutação de todo carma negativo que possa impedir no perfeito desenvolvimento e beleza do seu corpo físico; a transferência da perfeição e cura de Deus para esse bebê e a transmutação de toda imperfeição hereditária ou condição física indesejável que possa afetá-lo, inclusive a proteção na hora do parto (dos médicos, enfermeiros e enfermeiras e técnicos do hospital)".

Decretos da Chama Violeta com preâmbulo

Em nome de Deus EU SOU O QUE EU SOU e do meu Santo Cristo Pessoal, e de acordo com a Sagrada Vontade de Deus, Eu (dizer o nome de batismo), invoco neste momento, agora e para sempre:

Decreto Eu Sou a Chama Violeta[19]

EU SOU a Chama Violeta que atua em mim e reluz
EU SOU a Chama Violeta e só me submeto à Luz
EU SOU a Chama Violeta Poder Cósmico, farol
EU SOU a Chama Violeta radiante como um sol
EU SOU a Luz de Deus a toda hora brilhando
EU SOU o poder de Deus que a todos vai libertando.

Decreto Radiante Espiral da Chama Violeta

Radiante espiral da Chama Violeta, desce e brilha em mim agora! Radiante espiral da Chama Violeta, liberta, liberta nesta hora! Radiante Chama Violeta vem expandir tua Luz e brilhar! Radiante Chama Violeta vem o Poder de Deus revelar!

Radiante Chama Violeta vem despertar a Terra e libertar. Resplendor da Chama Violeta expande e brilha agora em mim! Resplendor da Chama Violeta que todos te vejam brilhar assim! Resplendor da Chama Violeta traz Misericórdia agora! Resplendor da Chama Violeta transmuta o medo nesta hora.

---

19. Bidem

Decreto da Chama Violeta do Coração de Deus[20]

Em nome da amada, poderosa e vitoriosa Presença de Deus EU SOU em mim, e do meu amado Santo Cristo Pessoal, eu invoco os amados Alfa e Ômega, no coração de Deus, no Grande Sol Central; o amado Saint Germain, a amada Pórtia, o amado Arcanjo Zakiel, a amada Santa Ametista, os amados e Poderosos Arcturus e Vitória, a amada Kuan Yin, Deusa da Misericórdia, os amados Oromasis e Diana, a amada Mãe Maria, o amado Jesus, o amado Omri-Tas, regente do Planeta Violeta, o amado Grande Conselho do Carma, o amado Lanello, todo o Espírito da Grande Fraternidade Branca e a Mãe do Mundo; a vida elemental - do Fogo, do Ar, da Água e da Terra!

Para que expandam a Chama Violeta no meu coração, purifiquem os meus quatro corpos inferiores, transmutem toda a energia mal qualificada que eu tenha imposto à vida, e façam brilhar o raio misericordioso da cura através da Terra, dos elementais e de toda a humanidade, e respondam a este meu chamado infinitamente, imediatamente e para sempre:

Chama Violeta do coração de Deus, (3x)
Aumenta tua misericórdia em mim agora! (3x)
Chama Violeta do coração de Deus, (3x)
Transmuta todos os erros, pelo Raio do Perdão! (3x)
Chama Violeta do coração de Deus, (3x)
Brilha em ação através de todos! (3x)
Chama Violeta do coração de Deus, (3x)

---

20. *Pérola de Sabedoria* Vol. 29 Nº. 25 de 1986, Summit Lighthouse.

Chama da Misericórdia, Prevaleça sempre! (3x)
Chama Violeta do coração de Deus, (3x)
Varra toda a Terra, ao comando de Cristo! (3x)
Chama Violeta do coração de Deus, (3x)
Teu Poder libertador, Eu comando agora! (3x)
Assuma o Comando agora, para a tua luz Eu me curvo.

EU SOU Tua luz radiante, Chama Violeta tão brilhante.
Grato pelo Teu raio, enviado a mim neste dia,
Preencha-me por completo, até que somente tu existas!
Eu vivo, movo-me, e todo o meu ser está rodeado por um foco gigantesco da vitoriosa Chama Violeta da Liberdade Cósmica, do coração de Deus, no Grande Sol Central e do nosso amado Saint Germain, o Deus da Liberdade para a Terra, que perdoa, transmuta e liberta para sempre, pelo poder do três-vezes-três, todos os erros que cometi.

Amado EU SOU! Amado EU SOU! Amado EU SOU!

E com toda Fé eu aceito, conscientemente, que isto se manifeste, que se manifeste, que se manifeste! (3x) Aqui e agora com pleno Poder, eternamente mantido, onipotentemente ativo, em contínua expansão e abrangendo o mundo inteiro, até que todos tenham ascendido totalmente na Luz e sejam livres!

Amado EU SOU! Amado EU SOU! Amado EU SOU!

Decreto para expansão do amor de Deus[21]

Sopro de Deus em cada célula,
Eu Sou a Chama Violeta fazendo pulsar o tempo cósmico,
Eu Sou a Chama Violeta energizando mente e coração,
Eu Sou a Chama Violeta sustentando a Divina Criação,
Eu Sou a Chama Violeta!

Com Todo amor (3x)

Brilhando numa gruta de cristal,
Eu Sou a Chama Violeta buscando a dor oculta,
Eu Sou a Chama Violeta consumindo a causa e o núcleo do medo,
Eu Sou a Chama Violeta revelando agora o nome interior,
Eu Sou a Chama Violeta

Com Toda paz (3x)

Fulgurando como um raio, Eu Sou a Chama Violeta
Atravessando as galáxias, Eu Sou a Chama Violeta
Conectando alma e espírito, Eu Sou a Chama Violeta
Que vos eleva a alturas cósmicas, Eu Sou a Chama Violeta

Com todo poder! (3x)

Para alimentar a alma do bebê antes do nascimento

O futuro bebê deve receber de seus pais uma conversa, com a alma desse ser vivente ainda no espírito, iniciando um relacionamento saudável, amoroso e de trabalho, mesmo antes da concepção haver ocorrido, porque algo fantástico ocorre quando a alma da criança se comunica de muitas maneiras e formas diferentes, como por exemplo, por meio de sonhos e daquela voz interior que

21. Extraído do livro *Nutrindo a Alma do bebê*, Prophet, Elizabeth. Nova Era, 2001.

deve ser ouvida, sim, por aqueles que desejam trazer ao mundo uma criança.

Devemos preparar um berço, mas um berço espiritual, mantendo assim um ambiente de puro amor e harmonia no lar. Sim, a mãe pode adotar uma rotina todos os dias para, desta forma, criar sentimentos de alegria e bem estar, enquanto o pai pode orar e proteger a esposa de alguma situação que possa causar algum mal ou estresse emocional.

O bebê, quando ainda no ventre, pode ser ensinado com conversas como sendo uma alma já amadurecida e inteligente, desta forma, proporcionando-lhe um ambiente muito estimulante.

Todos os dias será necessário que se faça oração de proteção, para, desta maneira, conseguir preservar o desenvolvimento saudável do bebê desde a concepção ao nascimento.

Decreto ao Arcanjo Miguel

Ó Grande Príncipe das Milícias Celestiais, protetor da semente adâmica e da Terra.

Visualização:

Veja o amado Arcanjo Miguel como um belo, poderoso e majestoso anjo, usando uma armadura resplandecente e uma capa de brilhante azul-safira, a mesma cor de sua aura. Imagine-o em pé à sua frente, atrás de você, à sua direita, à esquerda, acima e abaixo e no centro de seu corpo. Ele sempre está acompanhado de vários anjos, que lhe protegerão e escoltarão aonde forem. Veja que ele empunha uma espada de chama azul que protege a família e o bebê no ventre contra todos os perigos físicos e espirituais:

Em nome do Pai, Mãe Divina, do Filho e do Espírito Santo, Eu (fale seu nome de batismo) decreto: (faça aqui seus pedidos).

São Miguel à frente, São Miguel atrás,
São Miguel à direita, São Miguel à esquerda,
São Miguel acima, São Miguel abaixo,
São Miguel, São Miguel onde quer que eu vá!
EU SOU o seu Amor, que protege aqui! (3x)

Decreto de defesa de todo mal

Guarda, guarda, guarda-nos pelo clarão do Teu amor
Guarda, guarda, guarda-nos pelo Teu ser e resplendor
Guarda, guarda, guarda-nos pelo poder secreto da Luz
Guarda, guarda, guarda-nos pelo Teu poder de proteção
E sela-nos para sempre na Luz diamantina de Teu coração.

Visualização:

Visualize a si mesma e a sua criança envolvida por chamas violetas que se elevam e pulsam a sua volta conforme você faz os decretos. Veja as chamas penetrando pelo corpo e restabelecendo a integridade. Veja-as saturando sua mente e emoções, aliviando todos os quatro corpos inferiores.

Decreto de guarda e de proteção

Enquanto estiver realizando o decreto a seguir, visualize a Luz Divina que desce para o seu coração, corpo, mente e alma. Pela força da visualização criativa, imagine esta Luz se ampliando, intensificando-se em seu coração como um lindo sol resplandecente, uma esfera de luz branca intensa. Depois disto visualize esta Luz se expandindo a partir do seu coração para, desta maneira, criar uma grande esfera de luz, um verdadeiro escudo de proteção, que se estende por todo o seu corpo e em todas as direções.

Em nome do Pai, Mãe Divina, do Filho e do Espírito Santo, Eu (fale seu nome de batismo), decreto: (faça aqui seus pedidos).

Ó poderosa Presença de Deus EU SOU, no Sol e por detrás do Sol:

Que a Tua Luz, que inunda toda a Terra, seja bem-vinda à minha vida e pensamento, ao meu espírito e alma! Irradia e faz resplandecer a Tua Luz!

Rompe as cadeias das trevas e da superstição!

Infunde-me com a grande pureza do Teu resplendor de fogo branco!

EU SOU o Teu filho, e a cada dia aumenta em mim a tua manifestação!

Amém, Amém, Amém e Amém.

Preparação preliminar antes da concepção

Necessário, desde já, que seja observado ser esta preparação baseada nos ensinamentos que anteriormente foram detalhados, devendo ser considerado os pontos abordados, repetindo que tudo em nossas vidas ocorreu de acordo com a Santa Vontade de Deus. A parte que compete a cada um é realizar os trabalhos com fé e dedicação, norteando-se para o fim pretendido, ou seja, a concepção e, consequentemente, a gravidez e o nascimento com saúde e vida.

1. Observar que o processo preparatório se inicia três meses antes da concepção, realizando-se intensa sessão de decretos de Chama Violeta, como explicado anteriormente.
2. Meditação no coração e alma. Trabalhar o perdão. Decreto do perdão + visualização/meditação na Luz da Criança (bebê) que virá. Criança interior. Buscar o resgate de dívidas cármicas. Perdoar o erro dos pais.
3. Manter harmonia entre o casal e o lar que habitam.
4. Dedicar-se a um jejum sincero (sem que se prejudique, pelo que pode ser parcial) observando por necessário as regras de cautela. Orações, pedidos. Pleitear ao Pai Criador. Este pedido pode ser feito também no final do ano. Pedir quais qualidades deseja que possua seu bebê. O Jejum pode ser por dieta balanceada.
5. Especificar a espécie de compromisso que pretende assumir em benefício da criança.
6. Desenvolver a sensibilidade e a generosidade.
7. Realizar sessões de decretos/afirmações/visualizações com a Chama Violeta. Preparação dos chacras e dos quatro corpos inferiores (etérico, mental, emocional e físico).
8. Decretar para Kuan Yin (orações e afirmações/pedidos e mantras. Utilizar os deste livro).

9. Utilização das harmônicas de Luz, mediante utilização de músicas especiais. Jamais rock!
10. Observar que a união sexual ocorre para glorificação dos Céus. Afirmações reciprocas de Amar a Deus. (Luz interior ou natureza imaculada) no outro, exaltando o que há de mais elevado.
11. Elevação da consciência para a concepção. Antes de inundar a casa com música espiritual, utilizando músicas com vozes angelicais, recitar o poema que reverencia a centelha do amor.
12. Proteção para a vinda do bebê. Orações e meditações com a Chama Violeta para apagar registros cármicos. Decretos e visualizações, atentando para a importância deste processo.
13. Realizar a devida consideração e proceder à nutrição do bebê.

Para após a concepção

1. Iniciar a preparação para o recebimento da criança. Magnetizar amor, devoção, mantendo a preparação espiritual necessária, honrando o compromisso assumido com a alma que virá habitar os planos da matéria, como foi feito antes da concepção.
2. Não negligenciar, em momento algum, o processo de cura do futuro do bebê, auxiliando-o. Aplicar psicologia espiritual.
3. Ser bondoso(a), compassivo(a) desde agora, conversando amorosamente com a criança (bebê) no ventre.
4. Meditação no coração e alma. Esta é uma nova fase, certo? Por isso se repete.
5. Orar a Kuan Yin para proteção do bebê até o final da gestação, realizando mantras ou orações a ela. Pedir ao Imaculado Coração de Maria que trabalha intensamente, que se sobreponha ao seu coração e ao do bebê.
6. Utilizar sons específicos de Luz, músicas sagradas e das esferas.
7. Manter a utilização da Chama Violeta.

8. Ter a mãe ciência do processo do parto. Meditar e refletir como consta as explicações anteriores.
9. Realizar orações específicas a cada trimestre da gravidez. Iniciar três meses antes da concepção, não se pode esquecer disto, ou seja: 1º trimestre: corpo etérico; 2º trimestre: corpo mental; 3º trimestre: corpo emocional e 4º trimestre: corpo físico.

Após o nascimento

1. Praticar a sessão de decretos envolvendo não só os pais, mas também a criança (ou crianças no caso de gêmeos, trigêmeos, etc.)
2. Visualizações.
3. Manter o padrão do trabalho. Magneto do amor e devoção.
4. Atenção ao segundo passo da paternidade.
5. Praticar a cura pelo perdão contínuo.
6. Manter o padrão de músicas.
7. Ser feliz e somente feliz... vivendo a Vida com Deus no coração e Amor incondicional ao Pai Criador e a todos os irmãos e irmãs (inclusive o próprio bebê).

Importantíssimo: utilizar a cada mês, todos os dias, uma ou três vezes ao dia, uma sinfonia de Beethoven.

- No 1º mês de gestação: ouvir todos os dias a Primeira Sinfônia.
- No 2º mês de gestação: ouvir todos os dias a Segunda Sinfônia.
- Continuar sucessivamente até o 9º mês, com a Nona Sinfônia.
- No nascimento colocar a música Glória In Excelsi Deo.

Que este processo seja o início de uma vida plena e cheia de Amor, sabendo que existem Seres de Luz que nos auxiliam a todo momento e que o Pai Eterno, em sua Infinita Compaixão e Misericórdia, jamais esquece seus filhos e filhas amados.

Benção de Luz Eterna a Todos.

12

Mensagem Espiritual de Kuan Yin

A Leveza do Ser

Em tempos remotos, na China, era comum e costumeiro subjugar as mulheres a condições que as faziam parecer frágeis e desamparadas, servas das necessidades dos homens. Isto teve intenso reflexo na arte da China, que possuía e ainda conserva até este momento uma qualidade excelente, suave e frágil, única e peculiar. Mas aquele aspecto da energia yin e yang da vida (feminino e masculino), ou o girar incessante da roda da vida, mudaram essas tendências. Hoje, até mesmo tarefas rudes ou horrendas, infelizmente, são as partes que cabem às mulheres chinesas, independentemente de serem ou não consideradas delicadas.

De certa forma, o que é belo, por vezes tem determinada aparência de fragilidade, porém existe um poder de certa beleza que, possuído ou desenvolvido como um sentimento, torna-se recorrentemente, mais fruto de desejo do que nunca, quando perdidos e por terem sido como tesouros queridos.

Há vibrações no mundo que têm certa qualidade de aspereza, tanto quanto vozes que ressoam de maneira estridente, juntando-se a vozes de uma turba desolada, revelando-se, por vezes, o caráter do gostar do sofrer.

Existe, sim, uma história da própria Humanidade que, de forma contrária aos preceitos do humanismo ou a desumanidade do homem para o homem, apresentam-se como dramas inquestionavelmente horríveis a que se chama de guerra, dramas esses que não são exclusivos de determinado país, mas, sim, de todos os continentes, onde se revela a propagação da tirania sob a máscara da crueldade e da própria tortura em níveis físicos, mentais e emocionais, o que deixa bem evidente que a Paz do mundo é realmente uma coisa frágil e que, por isso, como uma vidraça de cristal, estilhaça-se facilmente.

É uma pena que os seres humanos realmente façam as mesmas coisas contra as quais veemente protestam.

Conceitos e preceitos que não possuem ou têm em pequena condição, não são por eles honrado. Se nem as próprias religiões ou ciência estão isentas de erro, então, por menor que sejam tais erros vão se estendendo até se tornarem mentiras de enorme vulto.

Ao se deixar que haja o florescimento de uma verdadeira religião de âmbito universal, perpetua-se o erro mesclado de Verdade, descobrindo-se, pois, desta forma, que a doce fragrância da Verdade mascare o erro brutal cheio de bolor. Quer dizer que da maneira como se encontra, a religião dá margem à determinada espécie de euforia ao colocarem em análise as suas realizações com limitada visão.

Pela sua incapacidade em admitirem os seus próprios insucessos, revela-se a corretiva, estariam construindo certa força interior, mas no âmbito interno da estrutura das organizações a que pertencem.

A Justiça de Deus, já existente, é muitas vezes ignorada pelas filosofias do materialismo. Porém, Ele é Deus e é transcendente, enquanto o ser humano é ascendente. Nisto busca por tentativa examinar, saber mais e, assim ser mais do que é ou tem sido até então, para, em nome do chamado *progresso*, seguir em frente, passo a passo, abrindo caminho, aos poucos, em direção ao que ele acredita ser uma forma de justiça social. Tal qual uma corrente, os fracos, ao se vangloriar nas suas fraquezas, transmitem mais fraqueza aos outros e, ao exaltarem as suas fraquezas, tendem a criar uma tranquilidade que é mais facilmente quebrada, muito facilmente.

Mas por outro lado, a força não é apenas o forte reconhecido na Divina masculinidade, é também o forte na Divina feminilidade. Assim, dar à luz a um filho primogênito, que ao nascer é, num sentido relativo, uma criança de membros débeis, incapaz de sustentar o seu próprio peso ou de falar, é manter, através da Esperança, uma oportunidade que não pode se perder. Mesmo assim, como são frágeis as cordas da vida ao se manifestarem no mundo de hoje!

Os homens colocam sua esperança nas realizações financeiras, puramente materiais, nas proezas políticas, na autoridade (desejando) que os seus filhos e filhas sejam empresários ou tenham sucesso no mundo do espetáculo. O sucesso é a ordem do dia. Mas que tipo de sucesso busca o mundo ao criar cada vez mais fragilidade, o irreal em verdadeiro contraste com o Real?

Desde a mais tenra idade, este caráter e a nobreza deveriam ser enraizados nas crianças; a ética e a moralidade deveriam estar sempre à mão, mas infelizmente não é o que vemos e o que ocorre. O coração deveria estar saturado com os unguentos da humildade, castidade, obediência, graça, amor, fervor, disciplina e da Veste da Justiça, que denota fortaleza, porém vemos uma decadência humana.

São coisas frágeis estas de que falamos. Não são o bordão e a vara da força exterior, como um forte carvalho ou uma tira de ferro; sim, falamos agora da Natureza frágil do Espírito, isto é, frágil para a consciência comum. Mas o que é a fragilidade? Homens e mulheres referem-se ao lápis com que escrevem sendo macio ou duro. Em sentido relativo, não estarão a se referir apenas à resistência da mina do lápis? Pois o que parece macio a uma pessoa, pode parecer duro para outra. E isto é apenas uma variação de grau – um lápis é mais macio que outro, ou mais duro que outro.

Quando surge este pensamento de fragilidade, ele ocupa a mente e os homens devem compreender que isso é o mundo exterior, de forma que se quebra tão facilmente, e que a razão para a sua fraqueza se encontra na sua falta de Força Espiritual. É como o Poder coesivo do Divino Magnetismo, que mantém o Planeta à volta do Sol, é forte porque foi estruturado por Deus. O assim denominado eixo da Terra e o magnetismo da Terra produzem gravidade sustentadora que prende à superfície do solo os edifícios, as árvores, as montanhas e as pessoas. Será este um magnetismo frágil – invisível, embora poderoso?

Desta forma, o que então é poderoso dentro do Homem? Não será aquela honestidade que enfrenta a Verdade e submete o erro à Verdade para que seja corrigido? Não será a própria qualidade do Amor que, no homem, como uma centelha de Deus, procura encontrar o caminho de regresso à fornalha do Amor de Deus, para ali se reunir com a plenitude desse Amor de onde veio e, depois, de acordo com as melhores possibilidades da corrente de vida, levar à periferia do mundo a grandeza desse Grande Amor em manifestação?

O que poderá ser mais desejável e menos frágil do que aquele que se vê a si mesmo como progênie de Deus e que, pela sua determinação espiritual, estende mãos frágeis de Esperança espiritual à fragilidade invisível de Mãos Cósmicas, a fim de receber orientação, Graça, Força, Justiça, Amor, Misericórdia e uma Justa Igualdade e reconhecimento da Oportunidade e do Poder de Deus? Será frágil o reino espiritual, ou será frágil somente quando os homens assim o fizerem, quando de tal se apercebam através das lentes da sua própria fragilidade?

Os laços humanos se quebram com facilidade, pois os homens olham com expectativa e esperança uma pessoa ou uma condição. Caso seja uma pessoa, pode ser com a expectativa de recompensa. Se for uma condição, pode ser a de encontrar um tesouro enterrado. Quando esse tesouro ou essa prenda esperada não se materializa, é muito fácil para os homens aborrecerem-se e atacarem o próprio projeto que criaram, ou a pessoa a quem tinham se dirigido para que os ajudasse. Não olheis, portanto, para condições frágeis, mortais e que se quebram facilmente, a fim de preencher as vossas expectativas. Mas reconheça, acima de tudo, ao se empreender a sua jornada ao longo da vida, as possibilidades que você tem de utilizar o Poder do Mundo invisível para lhe ajudar a conduzir o mundo exterior à Vitória.

Estudando os registros da vida humana neste Planeta, percebi que há Boa Vontade dos homens que, juntamente às orações dos Santos e a ajuda de todas Hostes Cósmicas, têm poupado a Terra vezes sem conta, assim também os indivíduos, de uma miséria assustadora. Todavia, as leis da Vida não permitirão um aumento contínuo de carma negativo sem chamarem os homens à Barra do Tribunal do Carma, a fim de equilibrarem as dívidas que contraíram perante a Vida.

Há seres abençoados, mas para crerem dependem de provas externas, sendo certo que, por tal, a Natureza preparou cuidadosamente uma infinidade de provas, entretanto, cabe a cada um buscar obtê-las. Assim como o oceano contém peixes, também as obras divinas permeiam e abundam por toda a parte. Aquele que tem um olho para ver que veja.

Ao falarmos da prova que se encontra no interior do lado mais delicado e sutil da vida, estamos falando apenas da sua fragilidade tal qual é vista do plano exterior. Aqueles seres humanos que olham para dentro e veem de dentro para fora, conseguem ver apenas

Força e Poder por dentro e fragilidade por fora, pois, as chamadas *rupturas da vida*, que fazem com que os homens se interroguem mentalmente e duvidem da autenticidade de Deus ou dos seus desígnios, são todas resultantes da má utilização da Visão e do poder da percepção do homem.

Mensagem de Mãe Kuan Yin para o Natal

Em nome da Misericórdia, será que podereis fazer algo por mim enquanto vos trago o fluxo desta Luz? Podereis preparar a vossa lista de Natal como se fosse aquele que chamais Papai Noel, mas fazei-a para Mim. Inclui todos aqueles que lembrardes e a quem não conseguistes perdoar nem serdes perdoados por eles e entregai-me essa lista de Natal.

Dai-me também a vossa Chama do coração com a autoridade para inundar a Vida, especialmente daqueles a quem nomeardes, com um incremento de Misericórdia do meu Templo e do meu Altar. Pois, amados e preciosos corações, o modo de nós, Bodhisattvas, daqueles que permanecerão até que o último homem, mulher e criança tenham ascendido da Terra, é o modo da Misericórdia.

E o modo do Conselho do Carma e o requisito daqueles que ali servem, inclusive Eu mesma, é a Misericórdia. Começareis, então, o novo ano perdoando a vós mesmos todos os erros e infrações da Grande Lei? Perdoareis verdadeiramente – o que significa esquecer e abandonar o passado?

Ó, amados e preciosos corações, não compreendeis como uma lágrima desce dos meus olhos quando aqueles que são irmãos não perdoam? Os árabes e os judeus são irmãos. Os brancos e os negros são irmãos. E os amarelos e os vermelhos e todas as raças da humanidade, todos vieram, procederam da Chama Única.

Não podeis perdoar, ó humanidade?

Declareis, pois, que perdoardes e esperais ser perdoados.

Portanto, não percais esta oportunidade que vos é oferecida com Amor de meu coração, e enviai vossa lista a mim, para o fluir da Misericórdia.

Poderá ser oferecido em retribuição oferta de decretos (33 ou 108 vezes), novenas, renúncia de comportamentos ao queimar a carta (Véspera de Natal), pedir aos Anjos da Correspondência que a leve às oitavas superiores para que possa ser recebida por Kuan Yin e ser analisada.

Visualizar que assim como a fumaça se esvai, as intenções depositadas na Carta são levadas.

Referências Bibliográficas

BLAVATSKY, HP. *A voz do silêncio*. Ed. Pensamento, 2000.

BLOFELD, John, *Culto místico*. Ibrasa, 1994.

CLARET, Martin. *O pensamento vivo de Buda*. Trad. José Geraldo Simões Jr. 8ª ed. Editora Martin Claret, 1985.

CALLE, Ramiro A. *El budismo vivente*. Ediciones Cedel, 2005.

KERLI, Kenan, Dhammapada. *Ensinamentos de Buda, o caminho da verdade*.

LAMA, Dalai. *Kindness, clarity and insight*. Trad e Rev por Jefrey Hopkins, Ed. Esnow Lions Publications Inc. Ithaca, NY, EUA: 2006.

FANG, Chung. *The chinese transformation of Avalokistevara*. Columbia University, 2001.

LIU, Pai Lin. *A Ética e o Taoísmo*, artigo publicado no jornal Being Dao, ano 2, nº 1, março de 2004.

LATÀRE, Márcos e LÂTARE, Valdiviáh. *Oráculo Pérolas Kuan Yin*. Ed. Alfabeto, 2020.

LATÂRE, Valdiviáh. *O poder dos 12 raios cósmicos*. Ed. Alfabeto, 2012.

____. *O seu raio cósmico de missão*. Ed Alfabeto, 2017.

LÉON, Wieger, 1984. *Wisdom of the daoist masters*. Trad. Derek Bryce. Llanerch Enterprises.

PROPHET, Elizabeth Clare. *Nutrindo a alma do bebê*. Ed. Nova Era, 2001. Idem, Ed. Corwin Springs, Mont.: Summit University Press, Acess the Power on your Higher Self.

VERNY, Thomas R. e Weintraub, P.; Barany, Editora; São-Paulo - SP. Ed. 2014.

Outras Fontes: *Canalizações e mensagens inspiradas pelo autor.*
Excertos variados de ensinamento da Summit Lighthouse.